科技
改變中國

絢麗變革

互聯網改變中國

Information: Internet Changes China

許晨 ／ 著

編委會

叢書總主編

倪光南 中國工程院院士，中國科學院計算技術研究所研究員

叢書副總主編

寧 濱 中國工程院院士，北京交通大學原校長

吳偉仁 中國工程院院士，國家國防科技工業局中國探月工程總設計師

徐宗本 中國科學院院士，西安交通大學原副校長

顧 翀 人民郵電出版社有限公司總經理

韓建民 杭州電子科技大學融媒體與主題出版研究院院長

編 委

武鎖寧 中國通信企業協會副會長，人民郵電報社原總編輯

陳 鍾 北京大學教授、博士生導師

馬殿富 北京航空航天大學教授、博士生導師

胡堅波 中國信息通信研究院總工程師

安 暉 中國電子信息產業發展研究院副總工程師

何寶宏 中國信息通信研究院雲計算與大數據研究所所長

陸 峰 中國電子信息產業發展研究院電子信息產業研究所副所長

序 言

　　每一次工業革命都會給人類社會帶來巨大改變。以蒸汽機和電力為代表的前兩次工業革命，主要是對動力的革新；第三次工業革命是信息技術的革命，讓人類邁入了信息時代。在這一時代，以互聯網為代表的信息技術不斷推動着經濟社會的變革，改變着人們的生產生活方式，並將推動工業革命的進程。

　　自走出實驗室後，互聯網的應用發展首先是從消費領域開始的。如今，我們每天的衣食住行都已離不開互聯網。特別是進入移動互聯網時代後，互聯網隨時隨地觸手可及。

　　互聯網在國外已經發展了近 50 年，但進入我國只有 25 年的時間。儘管起步較晚，我國互聯網的發展卻非常迅速。我國很多互聯網企業通過更深入地結合國情，從一開始的模仿學習到並跑跟隨，如今在消費互聯網的一些領域已經走到世界領先的位置。

　　2018 年底，我國手機的普及率已經達到 112.2 部 / 百人。[1] 近幾年，我國網民數量的增速顯著降低，網民數量已趨

1　本書中涉及我國的數據未包括港澳台地區。

近飽和，僅依靠互聯網人口紅利很難帶動行業持續增長。我國在消費互聯網領域創造了許多國際領先的案例，但當前消費互聯網發展的動能在減弱，互聯網的發展面臨轉型需求。

全球發展目前正處於新舊動能的轉換期，人類將迎來第四次工業革命。新時代互聯網發展的新動能將主要來自 3 個方面：5G、人工智能和工業互聯網。

新動能之一是 5G。2019 年 6 月 6 日，5G 牌照正式發放，我國正式進入 5G 元年。4G 的發展帶動了移動互聯網的發展，催生了移動支付、共享經濟等。從 4G 到 5G，移動互聯網仍然會按照峰值速率 10 年 1000 倍發展。5G 瞄準了 3 個應用場景：增強型移動寬帶，低時延高可靠通信，廣覆蓋、大連接，以支撐移動互聯網和工業互聯網的發展。我國 5G 的商用正好與互聯網進入「下半場」同步。

新動能之二是人工智能。人工智能可以提高勞動生產率，拉動消費，提升產品質量。根據有關報告，2017—2030 年，人工智能對勞動生產率的貢獻將超過 GDP 的 55％。麥肯錫預測，到 2030 年，人工智能可以為全球額外貢獻 13 萬億美元的 GDP 增長，推動 GDP 每年增長 1.2 個百分點。人工智能可比肩 19 世紀的蒸汽機、20 世紀的工業機器人和 21 世紀的信息技術。

　　新動能之三是工業互聯網。互聯網經歷了 PC 互聯網、移動互聯網、物聯網幾個階段，現在發展到工業互聯網的新階段。工業互聯網結合了 IT（互聯網技術）和 OT（操作技術），與消費互聯網有很大的差異。雖然當前工業互聯網形成的新動能還不足以彌補消費互聯網動能的減弱，但隨着新動能發展的不斷加速，工業互聯網將不斷帶動工業和農業應用的發展，還會反過來再促進消費互聯網的改進。

　　相對於發達國家，我國對工業互聯網的需求更為迫切。因為美國等發達國家的傳統產業相對成熟，而我國許多產業的基礎較為薄弱，存在轉型升級的需求。在這種條件下，儘管存在一定難度，但整體來看，我國工業互聯網的起步不算太晚。消費互聯網在全球已經發展了 50 年，未來工業互聯網在我國也會有一個很長的發展時期，且存在巨大的市場和需求，前景一片光明。如果我國能有效地抓住發展機遇，就能夠利用後發優勢實現跨越式發展。現在一些領域已經開始呈現出這種趨勢。

　　內地互聯網的發展風力未減，且新風向興起。互聯網已經深刻地改變了中國，深度融入社會生活的方方面面。一方面，衣食住行的需求是持續的，用戶吃的東西、用的東西不會因為經濟的「冷」和「熱」就有很大變化。另一方面，我

們在教育、醫療、養老、旅遊方面還有很大的發展空間，社會生活的快節奏激活了網民對「短平快」新業態的追求，短視頻、小程序等風頭正旺。人們除了物質需求在增長，精神文化層面的需求也在增長，涉及文化、娛樂、安全、和諧環境、生態環境等方面。互聯網可以在這些方面發力。

創新是互聯網永恆的主題，未來將有更多新的技術不斷融入互聯網，互聯網從名稱到內容都可能不斷發生變化。不過，技術的發展總是一把雙刃劍，在帶來積極影響的同時，也會帶來一些新的問題，特別是新的安全風險。互聯網發展過程中，安全風險問題是永遠存在的，沒有終極解決方案，只能不斷去應對。未來互聯網的安全將不僅僅是單個企業的安全問題，而是涉及整個行業乃至國家和世界的重大安全問題。只有設備供應商、互聯網安全企業、電信運營商、政府等實現信息的共享和聯動，才能有效地應對網絡安全的問題。除了網絡安全的挑戰，我國在芯片等一些基礎技術發展上還存在不足，還有一些高端核心技術嚴重依賴發達國家，這有可能帶來國家戰略層面的安全問題。我們需要加強對這些基礎技術的研究，將技術發展的底牌牢牢控制在自己手上。

此外，隨着發展的深入，互聯網將越來越多地涉及相

關的法律及道德倫理問題，這也需要引起更多的關注。對此
我們既不能監管過嚴，制約行業的創新發展，也不能放任不
管，使得風險放大。我們在面對技術創新時，需要擁有更高
的管控智慧。

　　總之，經過幾十年的發展，互聯網從起步、發展到轉
型，已開始進入新的發展階段。對於如何看待過去互聯網的
發展經驗，分析互聯網給中國帶來的改變以及未來在中國的
發展趨勢，《絢麗變革：互聯網改變中國》這本書進行了一定
的歸納和總結，給我們提供了一些有益的參考。未來，挑戰
與機會共存，我們看得見風光，也要經得起風險的考驗。成
功不能靠複製別人的模式，創新才是永恆的主題。希望更多
有識之士加入，藉助大數據、人工智能、雲計算、5G 和移
動互聯網帶來的機遇，共圓網絡強國之夢。

中國工程院院士，中國互聯網協會理事長

前 言

　　互聯網在過去的 20 多年間給我國帶來了翻天覆地的變化。我們這一代人，從「286 電腦」的 DOS 操作系統開始進入信息時代，從撥號上網開始連接世界。我們見證了電子郵件替代信封郵筒，成為每日工作中不可或缺的溝通工具，也見證了基於移動通信設備的各種強大 App，通過連接賦能……互聯網改變了我們生活的方方面面，也給社會帶來了巨大的變革，在發展的過程中，它不斷衝向新的高峰，卻還遠未登頂。

　　在互聯網領域從業多年，我很幸運能夠沉浸於行業之中，親歷我國互聯網行業發展給時代帶來的深刻變化，見證網絡信息技術給社會帶來的創新成果。此次，我受人民郵電出版社的委託，撰寫「科技改變中國」主題出版項目中的《絢麗變革：互聯網改變中國》一書，立足當下，回顧和展望，系統地剖析互聯網是如何撬動各個行業、各個領域的資源，又是如何通過數字連接實現降本增效、精耕深耕、擴大市場容量的，心中倍感榮幸。十分感謝人民郵電出版社顧翀社長和張立科總編輯的精心策劃，以及學術出版中心王威總經理

和本書責任編輯劉玉一、韋毅的精心組織。

　　本書的整體脈絡結構如下。第一章概述我國互聯網發展的整體歷程和成功要素。第二章展示我國「互聯網+」行動計劃的政策實施及落地細則。第三章從互聯網改變物質生活和精神生活着手，呈現零售、出行、娛樂、教育等領域由互聯網帶來的新業態。第四章聚焦受互聯網影響的人群，展現互聯網通過技術普惠，給不同人群的生活帶來的真切變化。第五章呈現互聯網帶來的公共服務效率的提升，變「群眾跑腿」為「信息跑路」，為公眾提供了更簡便、更高效、體驗更好的公共服務。第六章特別關注公益領域，互聯網降低了公眾參與公益活動的門檻，讓公益活動的參與方式和實現方式更具創意，並通過透明的信息披露機制構建信任關係，幫助公益事業更加健康有序地發展。第七章展現互聯網給金融業帶來的改變，我國的金融科技發展全球領先，商業模式的創新讓世界矚目。第八章着重分析互聯網與可持續發展的關係，我國在互聯網助力農村發展、振興「三農」方面的經驗可以為不發達國家提供借鑒，從而助力其他經濟體攜手並進，邁向網絡空間命運共同體。第九章預測工業互聯網是我國互聯網下一個十年發展的關鍵，數字經濟將深入製造業的

各個流程與環節之中，通過數字化流程改造、數字與實體世界的完美融合，釋放出巨大的動能。

　　能夠完成本書的寫作，要感謝幾位合作者：我的前同事楊才勇和許晨，以及我的朋友韓元佳。能和這些有敏銳洞察力的人士共同完成本書的撰寫，是非常快樂的經歷。他們都在各個細分行業中深耕已久，對行業的發展有獨到的見解，既能充分理解業務開拓的出發點與痛點，又能洞察並提煉行業發展的通用模式與規律。感謝中國電子信息產業發展研究院電子信息產業研究所副所長陸峰博士，他對「互聯網＋」行動計劃以及互聯網時代下的新挑戰與新應對的透徹剖析讓本書的內容更具戰略高度。感謝網絡空間安全戰略預警與決策支撐工業和信息化部重點實驗室副主任張傳新對互聯網潛藏的風險隱患的專業分析，幫助我們更加深刻地理解互聯網，居安思危方能行穩致遠。此外，我還要特別感謝前同事翟紅新、孫懿、曹鵬、李剛等給予我的大力幫助。在他們的幫助下，我完善了書中很多案例的細節與數據，也正是他們將在互聯網行業從業多年的經驗與心得無私分享，讓本書的案例貼近商業的生動實踐。

　　最後，感謝我們身處的這個時代，讓我們能夠親歷我國

諸多科技行業的崛起與壯大。在我國互聯網發展的這 20 多年中，科技工作者在各個領域中的探索與實踐，無論成功與失敗，都會在全球可持續發展的過程中留下一個個默默閃光的痕跡。

目　錄

第一章

互聯網創造經濟發展新模式

本章導覽

「互聯網＋」為經濟發展注入新動能。當前，傳統經濟的發展遇到諸多問題，互聯網及相關技術的發展成為經濟增長新舊動能轉換的關鍵，也為我國經濟增長帶來了新模式。

互聯網通過數字連接，以數字信息的投入取代實際物質資源的投入，從成本、效率、模式及產業鏈等方面重塑傳統產業，從而成為實體經濟增長瓶頸的突破點。

經過 20 多年的發展，我國的互聯網經濟從追趕到並跑跟隨，再到如今在某些領域引領全球互聯網經濟的發展；商業模式層出不窮，在社交、電子商務、金融科技等諸多細分領域的創新已經成為全球典範。

互聯網正深刻改變中國。我國互聯網的發展之所以能夠取得巨大成功，源於經濟體量、人口優勢、後發優勢、競爭環境及政府推動等多方面的因素。

引言

近年來，我國的互聯網發展取得了舉世矚目的成就。互聯網作為一種強有力的技術、工具，助推我國經濟實現高速增長和高質量發展，當前，互聯網產業已經成為各大產業中增長的亮點。互聯網及相關技術的發展成為我國經濟增長新舊動能轉換的關鍵。

1.1　互聯網推動我國經濟增長新舊動能的轉換

隨着經濟社會的不斷發展變化，拉動我國經濟增長的傳統動能正在衰減，而國情決定了我國不可能走發達國家傳統工業化發展的老路，必須尋找一條能實現經濟可持續發展的新路徑。互聯網帶來了數字經濟的發展，推動着經濟增長新舊動能的轉換，發展互聯網經濟成為全球經濟實現可持續發展的優選路徑之一。

1.1.1　動能轉換的需求及資源困境

2018 年，我國 GDP 總量已達到 90 萬億元，較 1978 年增長超過 240 倍，剔除通貨膨脹等因素後的實際增長也達到 36

倍。我國經濟持續的高速增長創造了世界經濟史上的奇跡。然而，回顧來路，並非一切都一帆風順；放眼未來，如果一成不變，也難以繼續一路高歌。

2008 年，國際金融危機爆發之後，全球經濟的增長速度放緩甚至開始負增長，拉動我國經濟快速增長的外需動力迅速萎縮。2009 年，我國出口總額大幅下滑。此後，隨着全球經濟形勢的逐步回暖，出口情況有所好轉。但從外部形勢看，金融危機爆發後，歐美、日本等發達國家和地區的經濟增長速度趨緩。這些國家和地區試圖通過推進「再工業化」重振製造業，削減貿易赤字，平衡「虛」「實」經濟。在此背景下，國際貿易摩擦不斷增加，各種國際貿易規則也面臨重構。我國出口保持多年的高速增長已經很難維持，加之內地房地產等市場的調整，我國經濟進入了增長速度換擋期、結構調整陣痛期和前期刺激政策消化期，經濟增長速度整體上持續放緩。到了 2019 年第二季度，GDP 同比增長速度降至 6.2％，見圖 1-1。

外需動力萎縮的同時，勞動力、資本、土地等傳統生產要素對經濟增長的邊際拉動作用也在減弱。經濟面臨的下行壓力加大，環境對資源消耗的承載能力幾乎也達到極限。我國能源資源總量很大，但由於人口基數龐大，目前我國人均資源佔有量僅為世界平均水平的 58％，居世界第 53 位。國情決定了

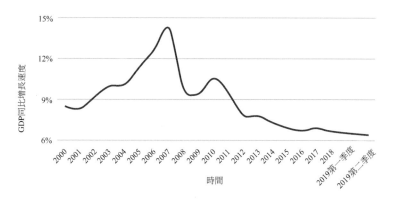

圖 1-1 我國 GDP 同比增長速度的變化
（來源：國家統計局）

我國不可能走發達國家「先污染，後治理」的傳統工業化發展
道路，否則無論是資源還是環境的承載能力，都無法支撐經濟
社會的現代化發展，必須尋找一條資源更省、效率更優的現代
化發展道路。這對經濟增長新舊動能的轉換進一步提出了迫切
要求。

1.1.2 動能轉換的突破點

互聯網通過數字連接，以數字信息的投入取代實際物質
資源的投入，從成本、效率、模式及產業鏈方面重塑傳統產
業，從而成為實體經濟增長瓶頸的突破點，成為推動中國乃至
世界經濟增長新舊動能轉換的關鍵因素。

1. 降低產業運行成本

互聯網降低了產業運行成本，主要體現在以下幾個方面。

一是產業運行不再基於物理介質，而是基於數字化的信息，這樣能夠突破時空限制，大幅提高信息連接的效率，降低信息的不對稱程度以及時空交互成本。

二是通過對產業生產要素和運營流程的數字化改造，能夠對生產和經營環節進行精準預測、優化佈局、精細化運營、實時反饋並反覆修正，提高產業自動化、智能化處理水平，從而提高產業的運行效率，降低運行成本。

三是在互聯網模式的驅動下，產業運行不再依賴物理網點和人力等傳統要素，產業服務的邊際成本可趨近於零。儘管初期需要投入大量的固定研發成本，但隨着規模的增長，單筆服務的成本能夠大幅降低。

2. 提高產業產出效率

互聯網及相關技術通過與各個產業的深度融合，對產業進行信息化、數字化和智能化的改造，能夠不斷沉澱和積累產業的先進經驗和技術，從而更好地進行迭代優化。同時，互聯網對時空限制的突破使得產業能夠以極低的成本，大幅提高複製和應用這些經驗、技術的效率，形成強大的規模化複用能

力。這種效率的提升，使得產業發展能夠突破人力等傳統資源要素投入的束縛，大大提高要素投入的彈性和靈活性，在不增加物質資源要素投入的情況下，顯著提高產業的產出效率。互聯網及相關技術已成為突破傳統產業經濟資源利用瓶頸、大幅提高投入產出效率的有效工具。

3. 創新產業服務模式

互聯網經濟側重以用戶為中心，通過創新產業服務模式，提升用戶體驗，主要體現在以下兩個方面。一是互聯網及相關技術能夠提高產業的生產能力，降低用戶服務成本，促進產品服務創新，從而提高用戶服務的便捷性和精準性。二是互聯網及相關技術能夠提高產業的服務水平，大大增加服務供給容量，讓更多用戶能夠獲得更好的服務。用戶有了更多選擇權，就促進了用戶權力的崛起，服務機構必須更多地以用戶為中心來構建產品服務，促使服務從「用戶找服務」向「服務找用戶」轉變。

以金融產業中的信貸為例，在互聯網及相關技術的助力下，用戶能夠獲得 7×24 小時在線服務，審批周期也從過去的以月、周計算縮短至以分、秒計算。同時，隨着管理效率的提升，用戶可以獲得差異化的信貸利率，期限也更加靈活，甚至

可以隨借隨還。用戶能夠更加精確地規劃資金借貸的時間周期，減少因資金沉澱帶來的不必要浪費，節約了利息成本。對於服務機構來說，雖然單個客戶的利息收入減少了，但能夠通過提高整體資金使用效率等方法來增加收入。

4. 重構產業價值鏈

互聯網對於產業價值鏈的重構也起着重要的作用。從縱向來看，依託互聯網可降低信息的不對稱程度，縮減無效的價值鏈環節，提高產業效率，零售電商正是代表案例；互聯網使得連接共享效率大幅提升，進一步推動了產業價值鏈的專業化分工，將有更多企業依靠創新和專業能力更加聚焦於價值鏈中的某個環節，並通過企業間的連接共享提升整個價值鏈的效率。從橫向來看，互聯網帶來了不同價值傳遞渠道的融合創新，例如線上線下的無界融合；還帶來了不同產業的跨界融合創新，如金融服務的場景化融合。隨着用戶權力的不斷崛起，融合創新的趨勢會進一步凸顯。

1.1.3　我國互聯網的發展歷程

20 世紀 90 年代以來，我國互聯網經歷了多個發展階段，走出了一條從最初的起步追趕到現在在某些領域超越引領的發展之路。

Web 1.0 門戶網站時代是從 1994 年到 2000 年。1994 年 4 月 20 日，我國接入國際互聯網，正式成為「有互聯網的國家」；之後，1997—2000 年，四大門戶網站網易、搜狐、新浪、騰訊以及搜索引擎百度相繼建立。以門戶網站和搜索引擎為代表的 Web 1.0 時代，主要特徵是利用互聯網解決信息的單向連接和傳遞問題，降低各個領域的信息不對稱程度。

Web 2.0 社交網絡時代是從 2001 年到 2008 年。該時代以博客、SNS、論壇等社交網絡的崛起為代表，其主要特徵是從 Web 1.0 時代的單向信息傳遞向雙向信息連接發展。UGC（User-generated Content，用戶生成內容）模式、平台模式等開始興起。同時，電子商務、遊戲等互聯網的細分領域也快速發展起來。

移動互聯網時代是從 2009 年到 2014 年。隨着智能手機等硬件設備以及 3G 網絡等網絡基礎設施的發展，互聯網開始進入移動時代。2013 年，移動互聯網市場呈爆發式增長。這個時代，微博、微信等移動社交應用不斷興起；美團、糯米、拉手網開始團購大戰；支付寶、微信支付等移動支付方式不斷滲入人們生活的方方面面。

「互聯網＋」全面發展時代是從 2015 年開始的。2015 年 3 月，「互聯網＋」被正式寫入當年的政府工作報告。隨後《國

務院關於積極推進「互聯網＋」行動的指導意見》出台，提出了十一大重點行動，全面推動互聯網、物聯網、雲計算、大數據、人工智能等相關技術與各個行業的全面融合發展。

　　此後我國互聯網行業持續高速發展，2015 年到 2019 年第二季度的這段時間裏，信息傳輸、軟件和信息技術服務業的增速，除 2015 年略低於金融業外，其餘時間均位居各大行業之首（見表 1-1），遠遠高於整體的經濟增長水平。由此可見，互聯網成為拉動我國經濟增長的重要動力。

表 1-1　我國 GDP 及各大行業增速變化情況

我國 GDP 及各大行業增速	2015 年	2016 年	2017 年	2018 年	2019 年第二季度
GDP/%	6.9	6.7	6.9	6.6	6.2
農林牧漁業 /%	4	3.5	4.1	3.6	3.4
工業 /%	6	6	6.4	6.1	5.6
建築業 /%	6.8	7.2	4.3	4.5	5.1
交通運輸、倉儲和郵政業 /%	4.1	6.6	9	8.1	7.3
批發和零售業 /%	6.1	7.1	7.1	6.2	6.0
住宿和餐飲業 /%	6.2	7.4	7.1	6.5	6.4
金融業 /%	16	4.5	4.5	4.4	7.6
房地產業 /%	3.2	8.6	5.6	3.8	2.4

（續上表）

我國 GDP 及各大行業增速	2015 年	2016 年	2017 年	2018 年	2019 年第二季度
信息傳輸、軟件和信息技術服務業 /%	14.8	18.1	26	30.7	20.1
租賃和商務服務業 /%	9.2	11	10.9	8.9	7.3
其他服務業 /%	8.2	7.5	7.1	6.3	5.5

來源：國家統計局。

　　數據顯示，截至 2018 年 5 月 29 日，全球前 20 個市值或估值最大（TOP 20）的互聯網公司被中美包攬，其中我國有 8 個，美國有 12 個。而在 2013 年，在 TOP 20 互聯網公司中，還是美國一家獨大，佔據 13 個席位，我國僅有 3 個席位。剩下的 4 個席位，日本佔了 2 個，俄羅斯 1 個，韓國 1 個。2013 年和 2018 年全球 TOP 20 互聯網公司的變化情況見圖 1-2。

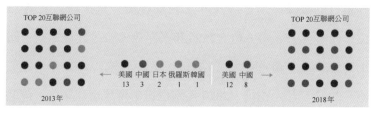

圖 1-2　2013 年和 2018 年全球 TOP 20 互聯網公司的變化情況
（來源：Visual Capitalist）

　　經過 20 多年的發展，我國已成為全球互聯網中心之一，我國的互聯網經濟從追趕轉變到並跑跟隨，如今已在某些領域引領全球互聯網經濟的發展。

1.2　互聯網在我國成功的要素

　　我國互聯網發展之所以能夠取得巨大成功，具有多方面的要素。

1.2.1　基礎要素：經濟體量

　　自改革開放以來，我國經濟持續快速增長、已經形成了龐大的經濟體量。國家統計局的數據顯示，2018 年，我國國內生產總值達到 90 萬億元，比 2017 年增長 6.6%，人均國內生產總值 64 644 元，比 2017 年增長 6.1%。

　　隨着經濟的快速增長，我國經濟地位也在持續提升。世界銀行的數據顯示，1991 年，我國經濟總量全球排名第 11 位，1994 年升至第 8 位，1996 年升至第 7 位，此後繼續一路上升，2000 年超過意大利，2005 年超過法國，2006 年超過英國，2007 年超過德國，2010 年超過日本躍居全球第二，排名一直保持至今。當前全球經濟總量 TOP 6 國家近 20 餘年的

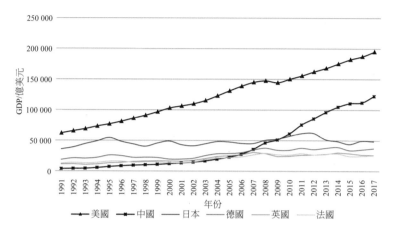

圖 1-3　當前全球經濟總量 TOP 6 國家近 20 餘年的 GDP 變化
（來源：世界銀行）

GDP 變化見圖 1-3。同時，我國與美國之間的經濟差距不斷縮小，美國與中國的 GDP 比值由 2010 年的 2.5 縮小至 2017 年的 1.6，見表 1-2。

表 1-2　中美經濟總量及全球排名對比

年份	美國 / 億美元	美國排名	中國 / 億美元	中國排名	美國 / 中國 （GDP 比值）
1991	61 740	1	3834	11	16.1
1992	65 393	1	4269	10	15.3
1994	73 088	1	5643	8	13.0
1996	81 002	1	8637	7	9.4

（續上表）

年份	美國 / 億美元	美國排名	中國 / 億美元	中國排名	美國 / 中國 （GDP 比值）
2000	102 848	1	12 113	6	8.5
2005	130 937	1	22 860	5	5.7
2006	138 559	1	27 521	4	5.0
2007	144 776	1	35 522	3	4.1
2010	149 921	1	61 006	2	2.5
2011	155 426	1	75 726	2	2.1
2012	161 970	1	85 605	2	1.9
2013	167 849	1	96 072	2	1.7
2014	175 217	1	104 824	2	1.7
2015	182 193	1	110 647	2	1.6
2016	187 072	1	111 910	2	1.7
2017	194 854	1	122 377	2	1.6

來源：世界銀行。

　　我國龐大且快速增長的經濟體量為互聯網經濟的發展打下了堅實的基礎。這主要體現在以下幾個方面。

　　第一，足夠大的經濟體量才能夠支撐互聯網與不同行業結合產生規模經濟效應，特別是在需要與物理世界相融合的互聯網經濟領域。以電子商務為例，它不僅要解決數字空間的信息流、資金流問題，還需要解決物理世界的物流問題。這就需

要龐大的倉儲物流基礎設施來支撐，這些基礎設施的建設需要大規模的投入，只有足夠龐大的交易量才能有效攤銷這些資本投入，從而產生規模經濟效應。

第二，龐大的經濟體量為互聯網經濟的快速產業化、商業化提供了基礎。這背後主要有兩層含義。一是由於我國經濟體量足夠大，具備龐大的市場空間，各領域不斷創新的互聯網經濟能夠在某個地區快速測試完善後，迅速向其他地區規模化複製。這種規律也符合風險投資的需求，這意味着會有更多的資本進入該領域，從而使得各類創新能更好地進行商業轉化。二是雄厚的經濟基礎意味着背後有龐大且完善的產業體系，能夠為互聯網經濟的發展提供支持。以智能手機為例，由於我國具備了完整的製造業體系及產業鏈，本土企業能夠在此基礎上快速創新，推動智能手機價格迅速平民化，從而助推了移動互聯網在我國的快速發展。

第三，龐大的經濟體量能夠更加充分地發揮互聯網的長尾效應。互聯網具有初期固定成本投入高、邊際成本趨近於零的特徵，因此，互聯網經濟必須形成足夠大的規模才能產生經濟效益，規模越大，效益就越顯著。經濟體量足夠大的優勢在於，即使是一些細分的領域也能聚集起足夠的規模，從而產生經濟效益。這就為互聯網經濟的創新提供了巨大空

間，能夠更好地發揮互聯網的長尾效應，形成非常完善的互聯網經濟體系。

第四，我國不僅具有龐大的經濟體量，同時還處於快速發展的過程中，經濟增速持續位居全球各大經濟體前列。這種快速發展的經濟環境，既意味着需求側對各種產品服務的需求在快速增長，也意味着供給側的發展在快速進行，市場機會多而且發展空間巨大，為互聯網經濟的發展提供了強大的動力。

1.2.2　核心要素：人口優勢

1. 人口總量優勢

1993 年，喬治·吉爾德提出了關於網絡的價值和網絡技術的發展的梅特卡夫定律，即一個網絡的價值等於該網絡內的節點數的平方。在進入物聯網時代之前，互聯網的節點以人為主，網絡連接的人數越多，整個網絡的價值也就越大。而我國是世界上人口最多的國家，龐大的人口基數為互聯網的發展打下了堅實的基礎。

中國互聯網絡信息中心（CNNIC）發佈的數據顯示，截至 2018 年 12 月，中國網民規模達 8.29 億，全年新增網民 5653 萬，互聯網普及率為 59.6％；手機網民規模達 8.17 億，全年新增手機網民 6433 萬。

　　依照麥肯錫 2016 年發佈的數據，對比其他國家，我國的
網民數量超過了歐盟國家和美國網民數量的總和，網民數量對
比見圖 1-4。2016 年，我國擁有 6.95 億手機網民（佔當年我國
網民總數的 95％），而歐盟國家僅有 3.43 億（佔其當年網民總
數的 79％），美國僅有 2.62 億（佔其當年網民總數的 91％）。
儘管歐美等發達國家互聯網普及率已達到 80％左右，但由於
人口總量較少，其網民規模依然較為有限。

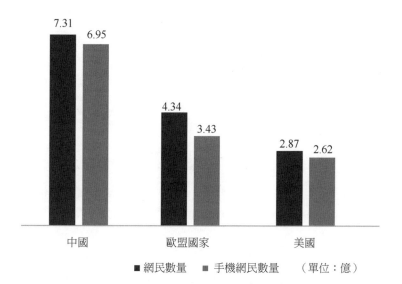

圖 1-4　2016 年中國與歐美國家網民數量的對比
（來源：麥肯錫於 2017 年 8 月發佈的研究報告《中國數字經濟如何引領全球新趨勢》）

　　我國人口及網民數量上的優勢為互聯網產品及應用的發展奠定了堅實的基礎。截至 2017 年 6 月，我國網絡購物用戶達 5.1 億，手機購物用戶達 4.8 億，直播用戶達 3.4 億，網絡外賣用戶達 2.95 億，幾乎每一個垂直領域的用戶數量都超過了美國的網民總數，這對於規模效應十分顯著的互聯網經濟來說尤為重要。以互聯網為基礎，構建網絡購物、網絡視頻、網絡直播、網絡社交等不同的虛擬場景，就如同構建了數字世界中的超級城市，可聚集起數億乃至數十億用戶，遠遠超過實體城市的規模效應。

2. 人口年齡優勢

　　除了人口數量上的優勢外，從年齡方面看，我國網民更年輕。

　　以 2016 年的數據為例，我國網民平均年齡為 28 歲，美國網民平均年齡為 42 歲，相差 14 歲。我國除總體人口結構偏年輕化以外，高年齡段網民滲透率顯著低於美國，這也是我國網民整體更年輕的原因。我國 60 歲及以上年齡段的網民滲透率僅為 12%，而美國 65 歲及以上年齡段的網民滲透率高達 66%。具體比較見圖 1-5。

　　用戶較為年輕帶來的好處在於，他們更願意嘗試、接受

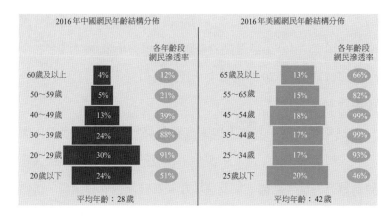

圖 1-5　中美網民年齡結構比較
［來源：波士頓諮詢公司（BCG）於 2017 年 9 月發佈的報告《解讀中國互聯網特色》］

並能更快地學習新事物，這對於快速變化的互聯網經濟來說十分重要，互聯網產品和應用能夠有更多的機會不斷試錯、快速發展。

3. 人口密度優勢

我國人口對於互聯網發展的優勢並不僅僅體現在人口數量與年齡結構上，人口的分佈特徵也對互聯網的快速發展起着重要作用。

2017 年我國人口密度為每平方千米 148 人，約是全球平均人口密度（每平方千米 58 人）的 2.6 倍，與主要發達國家

的人口密度相比，低於日本（每平方千米 348 人）、德國（每平方千米 237 人），顯著高於美國（每平方千米 36 人）。在全球人口數量 TOP 20 的國家中，我國人口密度排名第十，處於中游水平。

從整體上看，我國人口密度顯著高於全球平均水平，與其他人口大國相比，處於中游水平，並不十分突出。不過我國較為特殊的地理結構，以及區域及城鄉經濟差異等因素，導致人口分佈很不均勻。從地域來看，我國人口主要分佈在東南部地區，西部內陸地區人口較少。

這種分佈差異在城鄉之間體現得更為明顯。《2016 年城市建設統計年鑒》披露的數據顯示，2016 年，我國共有 657 個設市城市，城區面積合計達到 19.8 萬平方千米，僅佔全部國土面積的 2%，城區總人口（含暫住人口）合計達到 4.77 億，佔當年年底總人口數的 34.5%，全國設市城市的人口密度達到每平方千米 2408 人。其中城區人口超過 100 萬的大城市（含特大和超大）達到 75 個，超過 500 萬的特大和超大城市達到 8 個。

儘管我國城鎮化率剛達到 60%（2018 年數據），仍有很大的提升空間，但由於人口基數龐大，我國已經形成了巨大的城市群。600 多個設市城市以 2% 的國土面積，承載了超過全

國人口數 1/3，接近 5 億的人口。無論是人口總量還是人口密度，在全世界都非常罕見。

這種人口分佈特徵對於電子商務、網絡外賣、網絡打車、共享單車等需要線上線下融合的行業的發展十分重要，因為只有達到了一定的人口密度，才能夠在線下服務部分產生經濟性，並且只有在足夠大體量的支撐下，才能有效產生規模經濟效應。我國龐大的城市群及城市人口為互聯網經濟的發展提供了良好的基礎。

4. 勞動力成本優勢

與製造等行業在土地、廠房、生產設備等方面投入較高不同，互聯網是一個對人力資本投入較高的行業，其涉及的人力既包括技術研發型勞動者，也包括藍領體力型勞動者。

目前我國整體勞動力成本遠低於歐美等發達國家。我國不斷發展的高等教育培養了龐大的高等教育人群，滿足了對技術研發型的人力需求。2018 年，我國大學畢業生人數達到 820 萬，代表時代前沿的 IT 行業成為眾多學子畢業後的首選行業。同時，接近 3 億的農民工人群為滿足對藍領體力型的人力需求打下了基礎，支撐起電子商務、網絡外賣等高人力需求行業的快速發展，這在歐美等發達國家幾乎是不可想像的。勞動力成本的優勢成為推動我國互聯網經濟發展的重要因素。

　　總之，我國不僅是全球人口數量最多的國家，人口年齡結構也相對更為年輕化，龐大的人口數量為互聯網產品和應用的規模化提供了基礎，年輕化的人口結構更有利於互聯網的迅速普及。同時，儘管我國幅員遼闊，但特殊的地理、經濟等特徵，使得大量人口向主要城市集中，形成了高人口密度的龐大城市群，這也為互聯網經濟的規模化提供了支撐。此外，我國具有的勞動力成本優勢也推動了互聯網的快速發展。

1.2.3　發展要素：後發優勢

　　後發優勢是我國互聯網成功發展的另一個重要因素。

　　由於經歷了長期的發展積累，歐美等發達國家在很多領域已經具有很高的成熟度，互聯網對其傳統產業的改變是漸進式的。而我國仍然是一個發展中國家，尚未完全完成城市化與工業化進程，部分行業的發展還相對滯後。由此帶來的好處是，沒有傳統產業的桎梏與包袱，能夠直接利用互聯網改造傳統產業模式，形成更加高效的生產方式，大幅改善和提高傳統產業的效率，實現跨越式發展，從而推動互聯網經濟的快速發展。這在零售、金融等領域體現得尤為明顯。當前我國的電子商務和互聯網金融，無論是規模還是發展速度，都已居於全球領先地位。

1. 電子商務

　　發達國家的現代零售體系已經發展了上百年，而我國的傳統零售體系發展相對滯後，難以滿足消費者的需求，直到20世紀90年代現代零售體系才陸續出現。到2005年，我國每千人零售營業面積僅為18平方米，而美國同期高達1105平方米。當時我國的零售業態中53%為傳統獨立型零售渠道（如獨立經營的「夫妻店」），現代化程度很低。

　　隨着互聯網基礎設施的不斷完善，加之前文提到的人力成本優勢等因素，更加高效的電子商務獲得契機，在我國快速發展起來。藉助於互聯網，電子商務提高了商品服務和零售的效率，減少了信息的不對稱程度，使得不同區域的不同人群能夠更加便捷、公平地獲得更多、更優質的消費品，進一步提升了用戶的消費體驗。

　　在這樣的背景下，我國的電子商務飛速發展。2018年，我國實物商品網絡零售額達到70198億元，比上年增長25.4%，佔社會消費品零售總額的18.4%。網經社的數據顯示，2009年，我國網絡零售額僅為2600億元，但近10年間網絡零售額增長近27倍，發展速度遠超歐美等發達國家。2014年，我國網絡零售的滲透率達到9.9%，首次超越美國，此後該差距繼續拉大，具體見圖1-6。

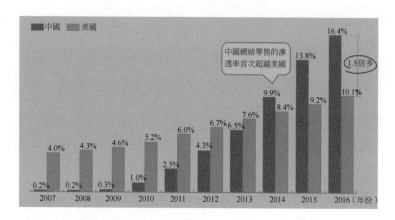

圖1-6　中美兩國網絡零售滲透率的比較
（來源：BCG 於 2017 年 9 月發佈的報告《解讀中國互聯網特色》）

2. 移動支付

互聯網金融是我國互聯網經濟發展的另一個突出領域，其中又以網絡支付特別是移動支付最為突出。

2018 年，我國移動支付業務共 605.31 億筆，金額 277.39 萬億元，與 2013 年相比，增長近 28 倍，複合增長率高達 194％。根據著名諮詢機構 Forrester 的報告，2016 年美國移動支付交易額僅 1120 億美元，且增速相對緩慢。我國移動支付的發展規模和速度都已遠遠超過了美國。

我國移動支付的快速發展也與後發優勢有很大關係。改革開放以來，我國支付體系的基礎設施建設快速發展，但由於

我國現代金融業起步較晚，而金融機構也將精力更多地放在利潤較高的對公業務上，故針對消費者服務的零售金融發展較慢。

2016 年，我國人均借記卡達到 4.47 張，大幅超過美國及其他主要發達國家，但我國人均信用卡僅為 0.31 張，而美國則高達 3.16 張，見圖 1-7。這反映出我國銀行的發卡業務發展較快，但以借記卡為主，而更多用於消費支付的信用卡業務則發展較慢。原因除了中國人的信用消費意識較弱、銀行風險管控較嚴等之外，還有 POS 機網絡覆蓋不足。2011 年，我國 POS 機保有量僅為 36 台 / 萬人，而美國則高達 287 台 / 萬人。

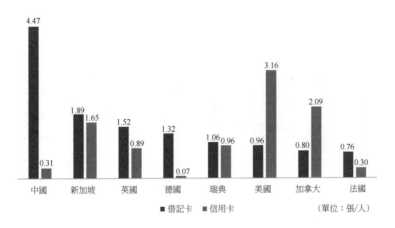

圖 1-7　2016 年各國借記卡及信用卡人均持卡量
（來源：Wind，恆大研究院）

　　我國借記卡業務的快速發展為移動支付的發展打下了基礎。而傳統金融支付服務發展的相對滯後，為移動支付的創新發展提供了巨大的市場空間。

　　後發優勢不是推動我國互聯網經濟發展的核心因素，但為我國互聯網經濟的發展提供了巨大的市場空間，助推其實現跨越式發展。

　　原有互聯網應用的不斷發展也為新的行業及業態發展打好了基礎，特別是那些涉及面廣泛的互聯網應用產品，例如電子商務、支付、社交等。以移動支付為例，2016 年，我國移動支付比例達到 77％，在全球遙遙領先，見圖 1-8。移動支付

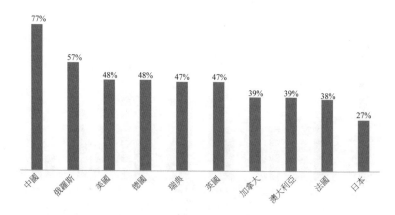

圖 1-8　2016 年各國的移動支付比例

（來源：騰訊信息可視化實驗室，恆大研究院）

的快速發展，解決了小額支付以及互聯網世界與物理世界信息流、資金流的融合問題，從而促生了各種新的商業模式，包括網絡出行、知識付費、網絡直播等。而移動支付的發展本身也受益於電子商務以及社交應用的發展與普及。我國的互聯網經濟已經逐步形成了生態效應，原有業態不斷發展完善的同時，也在推動着更多新業態的出現和發展。

1.2.4　創新動力：競爭環境

互聯網行業的激烈競爭成為我國互聯網經濟快速發展創新的重要推動力。這種激烈的競爭態勢從個別行業的發展情況可見一斑。

BCG 研究顯示，我國互聯網企業數量是美國互聯網巔峰期互聯網企業數量的 10 倍甚至數十倍，並且數量波動劇烈。我國 2010 年興起的團購網站，在 2011 年高峰期數量超過了 5000 家（美國從未超過 650 家），3 年後驟減至 200 家；P2P（個人對個人）網貸公司在 2015 年高峰期達到 3400 家（美國從未超過 100 家），之後短短一年便降至 2300 家；網絡直播在 2015—2016 年的高峰期時，平台數量也超過 300 家（美國從未超過 50 家）。這些領域無一不呈現出競爭迅速白熱化、高峰期企業數量多、企業存活率低的現象。相應地，在我國互

聯網行業也更容易「一夜成名」。1997—2017 年，在我國的互聯網獨角獸企業（估值 10 億美元以上的未上市企業）中，46％的企業於 2 年內達到該水平，76％的企業於 4 年內達到該水平，而美國相應的比例僅分別為 9％和 30％。

　　我國互聯網行業競爭之所以如此激烈，源於多方面的因素。

1. 進入退出門檻相對較低

　　與製造行業等需要大量土地、廠房、生產設備等要素投入的行業不同，互聯網行業主要依靠人力資本的投入，其進入和啟動的門檻很低，甚至只需要一個好的想法、幾個人，便可以開啟創業之路。相應地，互聯網行業的這種特徵也有利於企業快速退出。這個行業只要存在市場機會，就能夠吸引大量社會資源進入，企業在發展過程中可以不斷創新、快速試錯、迅速調整，從而推動行業的高速發展。

　　此外，互聯網行業本身屬於創新的行業領域，發展過於快速，監管機構對互聯網行業的限制較少，由此新興的互聯網企業發展具備了相對寬鬆的監管環境。

2. 行業頭部效應及資本倒逼

　　互聯網經濟的特徵使其具有非常顯著的頭部效應，即每

個互聯網行業的細分領域中，只有極少數頭部公司能獲得成功，這在消費互聯網領域尤為突出。新的機會一旦被發現，各方參與者就會盡可能地快速搶佔市場，佔有足夠大的市場份額，以產生馬太效應，阻止其他競爭者進入。對於互聯網這種變化快速、風險極高的行業，初期獲得的大多是風險資本的支持。創業投資、風險投資等行業的快速發展推動着我國互聯網行業快速發展，而風險資本對產出有着天然追求，這也助推了互聯網行業的快速變化。

3. 中國人的創新創業精神

中國人具有很強的創新創業精神。這一方面與中國人吃苦耐勞、善於創新的民族特性有關；另一方面，也是因為我國仍然是一個發展中國家，經濟還不是很發達，許多人迫切地想改變自身境遇，從而具有更強的奮鬥精神。互聯網的網絡效應能夠迅速放大普通創業者帶來的改變，從而能夠廣泛地吸引更多有志於改變這個世界的人的加入。

4. 我國互聯網創新更偏應用型

BCG 的研究認為，我國互聯網行業是更偏重內容、應用及商業模式的應用驅動型創新，而非以原創技術為主的技術驅動型創新。這一方面吸引了為數眾多的新創企業加入競爭，容

易形成對風口和熱點的集聚追逐，競爭更激烈；另一方面也
導致了企業行為的差異，例如，更善於挖掘圍繞市場需求變
化的微創新，追求創新頻率和短期見效，因此企業的節奏變
化更迅速。

1.2.5 重要保障：政府推動

改革開放幾十年來，我國經濟高速發展，政府的推動是
其中的重要因素。特別是在重大的基礎設施領域，政府採取
自上而下的政策規劃和投入保障，形成了高效的發展機制，
助推了經濟的快速發展。這一點在互聯網經濟上也得到了充
分體現。

政府通過不斷出台相關的政策規劃，持續推動互聯網基
礎設施建設及行業發展，例如《2006—2020 年國家信息化發
展戰略》（2006 年 5 月）、《中華人民共和國國民經濟和社會
發展第十二個五年規劃綱要》（2011 年 3 月）、《國務院關於
大力推進信息化發展和切實保障信息安全的若干意見》（2012
年 7 月）、《「十二五」國家戰略性新興產業發展規劃》（2012
年 7 月）、《「寬帶中國」戰略及實施方案》（2013 年 8 月）、
《中華人民共和國國民經濟和社會發展第十三個五年規劃綱

要》（2016 年 3 月）等，其中對寬帶、移動通信、雲計算、大數據、人工智能等領域的基礎設施及行業發展規劃了多項目標及支持政策，包括加快信息網絡新技術開發應用（如 5G、IPv6、大數據、雲計算、人工智能等）、推進物聯網重點領域應用示範工程等。

2015 年 3 月，國務院首次將「互聯網＋」寫入政府工作報告，要求「制定『互聯網＋』行動計劃，推動移動互聯網、雲計算、大數據、物聯網等與現代製造業結合，促進電子商務、工業互聯網和互聯網金融健康發展，引導互聯網企業拓展國際市場」。當年 7 月印發的《國務院關於積極推進「互聯網＋」行動的指導意見》提出了十一大重點行動，推動了互聯網與各行各業的融合創新發展。

此後，「互聯網＋」以及數字經濟連續出現在政府工作報告中，得到持續推進。在我國特有的區域經濟競爭機制下，各地政府也紛紛配合、推動乃至積極搶佔「互聯網＋」以及數字經濟的行業高地。這些政策措施成為我國互聯網經濟發展的重要保障。

尾聲

我國互聯網的發展已經取得了巨大成就，許多領域取得的成果已成為其他許多國家的標杆。這背後有客觀條件的支撐，亦是中國人艱苦奮鬥、開拓創新的結果。互聯網及相關技術的發展，為我國的工業化、城市化和現代化發展提供了更優的路徑選擇。但我們也必須認識到我國互聯網行業還存在許多問題和不足。最為突出的是互聯網創新更加側重於應用驅動型創新，更具競爭力的技術驅動型創新不足，這很容易導致在某些關鍵基礎技術上被「卡脖子」。全球經濟社會的發展變化在持續進行，我們會不斷面臨新的環境、新的挑戰，互聯網及相關技術的發展應用正從消費端更多地向產業端滲透。這既是機遇，也是挑戰，需要我們在總結成功經驗、認識問題及不足的基礎上不斷進取。

第二章

「互聯網＋」行動計劃

本章導覽

2015 年 3 月，「互聯網＋」行動計劃的概念在我國政府工作報告中首次現身，「互聯網＋」正式升級為國家戰略，成為年度政府工作報告中的熱詞，並在各個行業領域迅速發展起來。

從消費生活到產業革命，「互聯網＋」通過與第三產業的緊密融合，促使行業效率顯著提升，推動了對第一、第二產業的升級改革，實現了向第三產業、第二產業和第一產業的全面滲透。

「互聯網＋」的行業解決方案在醫療、政務、生活、金融、製造、教育、交通等領域不斷湧現。隨着數字基礎設施的不斷完善，互聯網正從消費端走向生產端，助力各產業整體轉型升級。

「互聯網＋」在積極推進的過程中，面臨着數據安全、網絡安全、市場競爭、行業治理等多個方面的挑戰。

「互聯網＋」的提出不僅給我國各個地區、各個行業帶來了創新的實踐和深遠的影響，也把獨特的經驗和創新的理念帶向了全球。

引言

　　2015 年 3 月，「互聯網＋」行動計劃的概念在我國政府工作報告中首次現身。自此，「互聯網＋」正式升級為國家戰略，也成為年度政府工作報告中的熱詞。「互聯網＋」行動計劃的發展歷程如圖 2-1 所示，從開始落實到對模式進行擴充和完善，再到 2019 年迎來了全面推進「互聯網＋」行動計劃的新時代。

　　「互聯網＋」行動計劃首次提出時，互聯網的高速發展正在改變我國經濟的各個細分領域。雲計算、大數據、物聯網等新技術快速融入傳統產業，在出行、金融等民生領域發展得如火如荼。這一來自民間的詞語出現在政府工作報告中，不僅充

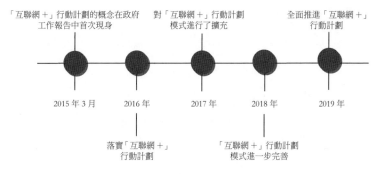

圖 2-1 「互聯網＋」行動計劃的發展歷程（2015—2019 年）

分說明國家已經意識到互聯網在整個國民經濟中的重要性，而且表明了我國政府與時俱進的決心。

一個加號，代表互聯網已不僅僅着眼於行業本身的發展，它作為一種渠道、技術、工具乃至思維模式，將對我國社會、經濟、文化、環境、資源、基礎設施等各個方面產生深遠影響。「互聯網＋」行動計劃是一個整體，它不僅成為開展大眾創業、萬眾創新，增加公共產品、公共服務「雙引擎」的催化劑，也成為推動中國經濟轉型升級的「強」動力。

2.1 「互聯網＋」行動計劃落地

2014 年，在國務院總理李克強召開的經濟形勢專家和企業家座談會上，來自互聯網行業的企業家們反映了互聯網融入具體行業時的發展問題。

2015 年 3 月，政府工作報告指出，要制定「互聯網＋」行動計劃，引導互聯網企業拓展國際市場。這對於那一年的互聯網從業者來說意義非凡。「互聯網＋」行動計劃升級成為國家戰略，充分說明了互聯網對我國發展的重要意義。互聯網不僅將成為像水、電、煤一樣的基礎設施，成為提升實體經濟生產力的重要工具，還將為我國製造業的轉型升級提供服務。

2.1.1 獲得政府積極推進

2015 年 7 月 4 日發佈的《國務院關於積極推進「互聯網＋」行動的指導意見》（國發〔2015〕40 號）中列出了「互聯網＋」行動計劃十一大重點行動，體現了我國政府持續推進「互聯網＋」行動計劃的信心與決心。

2016 年的政府工作報告中重點強調了「互聯網＋創業創新」「互聯網＋普惠金融」「互聯網＋協同製造」「互聯網＋益民服務」「互聯網＋高效物流」「互聯網＋現代農業」「互聯網＋電子商務」「互聯網＋綠色生態」八大行動方向。「互聯網＋政務服務」從「互聯網＋益民服務」的大框架中剝離，上升為相對獨立的行動方向。

2016 年，互聯網對於生活的影響已經體現在方方面面，落實「互聯網＋」行動計劃成為關鍵，創新驅動發展戰略綱要和意見成為指導思想。互聯網與各行業加速融合，新興產業快速增長。

2017 年 3 月 5 日，一個二維碼出現在政府工作報告上，掃描後，可以看到 2016 年政府工作報告中主要指標任務的完成情況，另外，還附有視頻和圖解，形式活潑，讓人眼前一亮。一個小小的改變，不僅體現了互聯網時代新媒體的傳播特色，也用生動的實踐表現了互聯網對國民生活的深遠影響。

「掃一掃」這個互聯網時代的特有動作已經深入人心，移動互聯網帶來的便利可見一斑。

當天，人民日報新媒體端發佈的《2017 年政府工作報告極簡版！只有 600 字》「刷屏」網絡，「人工智能」和「數字經濟」成為當年政府工作報告中的熱詞。這種傳播方式的變化從一個側面體現出國人對互聯網的接受程度。2017 年的政府工作報告又進一步對「互聯網＋」的模式進行了擴充，提出在政府事務領域要全面推行「雙隨機、一公開」機制，增強事中事後監管的有效性，推進「互聯網＋政務服務」；在創新創業方面，提出要深入推進「互聯網＋」行動計劃和國家大數據戰略。

2018 年，「互聯網＋」廣泛融入各行各業。大眾創業、萬眾創新蓬勃發展，日均新設企業由 5000 餘戶增加到 1.6 萬餘戶。快速崛起的新動能正在重塑經濟增長格局，深刻改變生產生活方式，成為我國創新發展的新標誌。政府工作報告中強調，要深化「互聯網＋政務服務」，各地探索推廣一批有特色的改革舉措，深化大數據、人工智能等研發應用，培育新一代信息技術、高端裝備、生物醫藥、新能源汽車、新材料等新興產業集群，壯大數字經濟。

2019 年，「互聯網＋」連續第五年出現在了政府工作報告中。這是全面推進「互聯網＋」行動計劃關鍵的一年。報告中

明確，要加快在各行業各領域推進「互聯網＋」，運用新技術新模式改造傳統產業；打造工業互聯網平台，為製造業轉型升級賦能；堅持包容審慎監管，支持新業態新模式發展，促進平台經濟、共享經濟健康成長。

2019 年的政府工作報告中 8 次提到互聯網，其中 6 次的表述是「互聯網＋」。這意味着互聯網與經濟社會將走向深度融合，「互聯網＋」將全面融入我國經濟結構優化升級、社會事業發展和機制體制創新之中，助力全面提升人民生活品質、增進人民福祉。

歷年政府工作報告中「互聯網＋」的相關內容見表 2-1。

表 2-1　歷年政府工作報告中「互聯網＋」的相關內容

年份	「互聯網＋」 行動計劃發展階段	「互聯網＋」 行動計劃工作部署
2015 年	「互聯網＋」行動計劃的概念在政府工作報告中首次現身	制定「互聯網＋」行動計劃，推動移動互聯網、雲計算、大數據、物聯網等與現代製造業結合，促進電子商務、工業互聯網和互聯網金融健康發展，引導互聯網企業拓展國際市場
2016 年	落實「互聯網＋」行動計劃	大力推行「互聯網＋政務服務」，實現部門間數據共享，讓居民和企業少跑腿、好辦事、不添堵。 發揮大眾創業、萬眾創新和「互聯網＋」集眾智匯眾力的乘數效應。 規範發展互聯網金融。大力發展普惠金融和綠色金融

（續上表）

年份	「互聯網 +」 行動計劃發展階段	「互聯網 +」 行動計劃工作部署
2017 年	對「互聯網 +」行動計劃模式進行了擴充	推動「互聯網 +」深入發展、促進數字經濟加快成長，讓企業廣泛受益、群眾普遍受惠
2018 年	「互聯網 +」行動計劃模式進一步完善	發展壯大新動能。做大做強新興產業集群，實施大數據發展行動，加強新一代人工智能研發應用，在醫療、養老、教育、文化、體育等多領域推進「互聯網 +」。 加強互聯網內容建設。深入實施文化惠民工程，培育新型文化業態，加快文化產業發展。倡導全民閱讀，建設學習型社會
2019 年	全面推進「互聯網 +」行動計劃	推行信用監管和「互聯網 + 監管」改革，優化環保、消防、稅務、市場監管等執法方式，對違法者依法嚴懲、對守法者無事不擾。 打造工業互聯網平台，拓展「智能 +」，為製造業轉型升級賦能。 加快在各行業各領域推進「互聯網 +」。壓減和規範督查檢查考核事項，實施「互聯網 + 督查」

來源：歷年政府工作報告。

2.1.2 對經濟發展的促進作用

我國經濟在經歷 30 多年的高速增長之後，進入了中高速增長的新常態，實體經濟面臨轉型陣痛。「互聯網＋」亦即互聯網與傳統產業的融合，是利用移動互聯網、雲計算、大數據、物聯網等信息技術，促進製造業等傳統產業轉型升級，為我國經濟的長遠健康發展注入新的動力。

「互聯網＋」對經濟發展的促進作用主要體現在三個方面：一是擴大經濟增量，二是盤活經濟存量，三是提升增長質量。

1. 擴大經濟增量

「互聯網＋」時代，新的業態、新的商業模式不斷湧現，帶來大量商業機會的同時，降低了創業門檻，催生了大批中小企業，推動了就業增長。「互聯網＋」創業最活躍的人群是 80 後和 90 後，年輕一代的創業者將他們的想像力和執行力通過互聯網與傳統經濟對接，激發出傳統經濟的新活力。「互聯網＋」帶來的新的經濟增量為我國宏觀經濟的持續健康穩定增長保駕護航。

2. 盤活經濟存量

「互聯網＋」類似於第二次工業革命時期的電力系統，可

以作為信息能源進入傳統產業的生產性服務鏈條之中，對後者的生產方式、生產效率產生廣泛而深刻的正面影響，達到提升傳統產業效能、盤活經濟存量的目的。「互聯網＋」成為人與人、人與物、物與物之間信息實時溝通的重要媒介，用高頻實時的信息交換讓實體經濟儘量達到無損運營。此外，「互聯網＋」讓傳統產業以從未有過的低成本接觸到更大的用戶群體。用戶終端傳回了大量的消費數據，這些數據為後續的產品設計升級、製造流程改進提供了相關依據，這些數據資源成為與勞動力、資本同等重要的生產要素。

3. 提升增長質量

　　「互聯網＋」的主要效果之一，就是利用先進的信息技術和互聯網平台降低實體經濟的損耗，降低信息不對稱程度，糾正市場扭曲現象，提高實體經濟的效率和水平。從整體的經濟效果來看，「互聯網＋」與傳統企業跨界融合，利用雲計算、大數據模擬實體經濟運行過程，取消不必要的中間環節，達到利潤直接回饋生產者、效用直接分配給最終消費者的目的，提升了資源配置的效率。從這個意義上說，「互聯網＋」將對促進我國經濟由粗放型增長向集約型增長、由要素驅動向創新驅動、由投資主導向消費主導的轉變起到積極作用，在擴大經濟規模的同時，提升經濟增長的質量。

我們不應僅僅從經濟層面孤立地看待「互聯網＋」，而應該從實現中華民族偉大復興的中國夢的戰略高度來看待「互聯網＋」，看到它與其他重大國家戰略之間的辯證關係。例如，「互聯網＋一帶一路」，不僅要向「一帶一路」沿線國家輸出電信基礎設施，還要加強與這些國家共建數據和信息樞紐網絡的合作，不僅要在「硬件」方面匹配，還要在「軟件」方面融合。再如，「互聯網＋文化產業」，利用互聯網方便快捷的傳播手段，幫助國內優秀文化產品走出去，擴大中華文明的全球影響力。

2.2 「互聯網＋」行動計劃在中國的實踐及遇到的挑戰

隨着「互聯網＋」行動計劃的提出，政務、民生、醫療、產業等多個領域都在積極搭乘互聯網的快車，城市產業升級的落地實踐也在逐步展開。「互聯網＋」行動計劃在全國遍地開花：「互聯網＋政務服務」讓群眾少跑腿，讓信息多跑路；「互聯網＋醫療健康」致力於解決人民看病難的問題，助力提升國民醫療健康水平；「互聯網＋金融」利用技術紅利驅動金融普惠服務；「互聯網＋製造」打造新供給，激發新動能；「互聯網＋教育」促進教育均衡普惠……

2019 年 5 月，騰訊研究院發佈《數字中國指數報告（2019）》（以下簡稱報告），動態呈現了我國 351 個城市的數字化發展趨勢。報告指出，數字中國指數增速呈現出明顯的集群效應，京津冀、長三角、關中平原城市群增速領先。報告還顯示，2018 年我國用雲量 [1] 增長迅猛，全年用雲量為 464.78 點，較 2017 年的 146.04 點上升 318.74 點，增幅達 218.26％。目前，用雲量整體集中在一二線城市，後線城市正在快速追趕，其中五線城市增速迅猛，增幅最高。同時，用雲量同 GDP 呈現正相關性，成為數字經濟發展的重要指標，用雲量每增長 1 點，GDP 大致增加 230.9 億元。

在互聯網全面開花的同時，我們也應正確認識和應對互聯網在法律、安全、政府治理等方面帶來的挑戰，讓「互聯網＋」更好地為我們服務。

2.2.1　與三次產業的融合

從消費生活到產業革命，「互聯網＋」不僅與第三產業緊密融合，也推動了第一、第二產業的升級改革。

1　用雲量指某一地區在一段時間內對雲存儲、雲主機等雲服務的綜合使用量。

1.「互聯網＋第三產業」融合最為緊密

互聯網能夠實現信息的高效連接和高頻置換，使實體經濟達到最優運營狀態，從而實現效率的顯著提升，這就是互聯網與第三產業的融合。如滴滴等打車軟件通過實時匹配乘客的需求和空載出租車的位置信息，減少道路上空載出租車的數量，提升了效率。清華大學媒介調查實驗室數據顯示，使用打車軟件後，90.3％的司機降低了空載率。其中，3.9％的出租車司機每月空載率下降了30％以上，41.2％的司機每月空載率下降了10％～30％。各種O2O（Online to Offline，線上到線下）軟件通過「互聯網＋」交換買家和賣家的信息，在買家和賣家的資源和時間達到最佳匹配之後，再移至線下完成交易。「互聯網＋」與第三產業的融合最為緊密和深入，效果也最為明顯。在「互聯網＋」發展初期，應着重推進第三產業與「互聯網＋」的融合。

2.「互聯網＋第二產業」應兩條腿走路

從我國目前所處的發展階段來看，互聯網與第二產業的融合主要體現在工業領域，「互聯網＋工業」需要兩條腿走路。一方面，我國工業自身發展水平與發達國家相比仍有差距，尤其是高端硬件製造、工業軟件、系統集成能力等方面發

展滯後。在工業本身發展不足的方面，「互聯網＋」能夠發揮的作用並不明顯。另一方面，在工業流程、渠道建設、辦公自動化等方面，「互聯網＋」可以先探先行，提升現有體系的運行效率。「互聯網＋第二產業」應兩條腿走路，讓「互聯網＋」由表至裏，逐步滲透工業製造的各個環節，探索出一條具有中國特色的「互聯網＋工業」的發展道路。

3.「互聯網＋第一產業」應做好中長期佈局

互聯網與第一產業融合，更多是在農業領域發力。「互聯網＋農業」的發展基礎最為薄弱，需要做好中長期佈局。「互聯網＋農業」以及「互聯網＋三農」對我國經濟實現包容性增長、縮小數字鴻溝、增進不發達地區人民生活福祉至關重要。農業發展的核心是確保糧食安全，全國性重要決策的基礎在於對農業數據的掌握，基礎數據的上傳尤為關鍵。「互聯網＋」能夠讓農村的信息流通方式得到根本的改變。例如，騰訊基金會在貴州黎平做互聯網村的試點，各村開設了微信公眾號。在電子商務發展起來之前離農民非常遙遠的移動互聯生活，現在通過公眾號就可以輕鬆實現。公眾號也可以成為農村基礎信息收集的最底層入口。例如，每個村莊的病蟲害等信息通過公眾號上報，後台便可及時匯總信息，為國家農業大數據決策提供基礎依據。

在「互聯網＋」時代，智能手機與 4G 是我國縮減城鄉數字鴻溝的契機。PC 互聯網時代，寬帶基礎設施鋪設成本、計算機購置及學習成本讓農民成為被科技邊緣化的典型人群。移動互聯網時代，基於智能手機上的簡單操作軟件，農民可以以低成本獲取基本的農業信息、醫療信息、交通出行信息等。例如，騰訊「為村」項目為各個實體村落構建公告號和微信群，全村人民以及在城市裏打工的人群都可以在微信群中聊天、發語音及視頻，村民之間信息傳遞和交流的方式得到了有效的改變。

互聯網與農業生產的融合難度最大，它依賴於物聯網的建設、基礎傳感器的普及和數據的互聯互通。現階段，應從國家層面推動物聯網的標準建設。從業企業只有遵循統一的國家標準，才能做到後期無障礙的互聯互通。此外，統一的物聯網標準應當和目前已經廣泛使用的標碼技術（如二維碼技術）兼容，以避免產生高昂的重複推廣成本。

「互聯網＋」實現了向第三產業、第二產業和第一產業的全面滲透。未來，互聯網將發揮其在生產要素中的優化和集成作用，從根本上提升實體經濟效率和創新力，最終深度改變經濟社會的整體形態。

2.2.2　在不同行業領域的具體實踐

自互聯網誕生以來，傳統產業對互聯網的態度已經從觀望、猶疑變成了積極合作和主動擁抱。「互聯網＋」行動計劃在不同行業領域也有了具體的實踐對象。

在醫療、政務、生活、金融、製造、教育、交通等領域，「互聯網＋」的行業解決方案不斷湧現。隨着數字基礎設施的不斷完善，互聯網從消費端走向生產端，助力各產業的整體轉型升級，我國數字化進程開始轉向由產業互聯網主導，並進入發展的黃金期。

越來越多的政府部門開始採用「互聯網＋政務服務」這一讓「群眾跑腿」變為「信息跑路」的服務管理新模式，雲計算在政府間的普及程度進一步加深，政務用雲量大幅增長。在科技的創新推動下，數字文化產業呈現出嶄新的發展態勢。

互聯網也給文化產業帶來了兩個深刻變化。變化之一是社交媒體化、媒體社交化。移動互聯網的大發展打破了社交與媒體之間的界限：擴大的社交圈成為媒體的傳播渠道；媒體消息成為朋友圈分享的重要內容。變化之二是在移動互聯網時代，文化的創作者、傳播者、消費者之間的界限被打破，傳統文化產業分工明確、上下游清晰的產業鏈讓位於移動互聯網時代大眾創作、萬眾分享的去中心化生產模式。

「互聯網＋金融」的實踐讓越來越多的企業和百姓可以享受到更高效的金融服務。用技術打破信息壁壘，以數據跟蹤信用記錄，互聯網正通過技術優勢衝破金融領域的種種信息壁壘，互聯網思維正改寫着金融業的競爭格局。

在交通領域，網約車、共享單車等新業態不斷發展，各省市也開始積極踐行「互聯網＋交通」理念，實施大規劃、發展大數據、構建大平台。面對複雜的交通情況，監管部門也在不斷調整政策。一手抓安全問題，一手抓隱私保護，讓「互聯網＋交通」成為改善城市生活的有效工具以及促進產業發展、支撐行業進步的利器。

在工業領域，智能製造成為製造強國建設的主攻方向。國家政策強力支持智能製造，提出以推進信息化與工業化深度融合為主線，着力發展智能裝備和智能產品，推進生產過程智能化，培育新型生產方式，全面提升企業研發、生產、管理和服務的智能化水平，並部署實施智能製造重大工程。沒有落後的產業，只有落後的技術。將製造優勢與網絡化、智能化相疊加，中國製造正逐步形成數字時代的新供給能力。

在農業領域，通過網絡直播推介特色農產品，給農民帶來直接收入，這正是在 2015 年發佈的《國務院辦公廳關於促進農村電子商務加快發展的指導意見》指導下的生動實踐。農

村電子商務與農村第一、第二、第三產業深度融合，在推動農民創業就業、開拓農村消費市場、帶動農村扶貧開發等方面已經取得明顯成效。2016 年，農業部、國家發展改革委、科技部等 8 部門聯合印發的《「互聯網＋」現代農業三年行動實施方案》提出：在管理方面，重點推進以大數據為核心的數據資源共享開放、支撐決策，着力點在互聯網技術運用，全面提升政務信息能力和水平；在服務方面，重點強調以互聯網運用推進涉農信息綜合服務，加快推進信息進村入戶；在農業農村方面，加強新型職業農民培育、新農村建設，大力推動網絡、物流等基礎設施建設的新思路。互聯網養殖、農村金融、農村電商等一幅幅生動的畫卷正在我國農村的大地上徐徐展開。

2.2.3　發展遇到的挑戰

毫無疑問，「互聯網＋」帶來了創新和便利，但在發展過程中，也面臨着問題和挑戰。

第一，「互聯網＋」的持續推進將帶來個人數據安全和隱私保護的挑戰。

「互聯網＋」作為公共資源，帶來數據量指數級裂變式的增長。實時高頻的信息流轉使得個人信息所具有的管理功用

和商業價值與日俱增。與此同時，數據安全和隱私保護也面臨着空前挑戰。這就要求樹立數據主權意識，明晰個人、企業（或社會組織）和政府在數據的處理和運用過程中的權利和責任；完善數據收集、存儲、傳播、利用等過程中的安全保障制度，建立完善的數據資產化管理制度體系，確保數據的有效使用和相關方的權益。要注意基於數據開放的數據安全、隱私保護帶來的挑戰，為「互聯網＋」的健康發展提供良好的基礎環境。

第二，「互聯網＋」在融合過程中給經濟增長的新舊動能的轉換帶來碰撞。

「互聯網＋」代表信息技術與傳統經濟的融合，在這個過程中新經濟與傳統經濟的碰撞是不可避免的。例如，「互聯網＋工業」在我國如何執行？是採用互聯網企業主導的由消費端切入生產端的方式，還是採用傳統製造企業主導的工業 4.0 模式，或兩手一起抓？這些問題的答案都還在探索之中。這就需要我們做好前期研判工作，遵循我國工業的客觀發展規律，採取軟硬短板一起補的發展策略。在推進「互聯網＋」的過程中，我們也應遵循行業發展的客觀規律，避免一味地追求速度，強行推進。

第三，要警惕互聯網贏家通吃的自身規律帶來的行業「壟斷」。

互聯網企業競爭的必然規律是，在特定的領域，贏家只有一個。以亞馬遜為例，從最初打通買賣雙方信息溝通平台，到不斷向產業鏈前端延伸，從銷售開始倒推生產定製乃至原材料的採購，擁有絕對的產業鏈主導權和議價能力，這在一定程度上阻礙了行業整體效率和創新能力的提升。亞馬遜不僅僅是美國最大的零售商之一，也是美國最大的製造商之一，它通過提供其網站上暢銷產品的定製化服務，成為製造業和銷售業的贏家。而在我國，在率先被互聯網改造的幾個消費細分領域，競爭也一度導致了「寡頭」的出現。滴滴通過企業之間的併購，成為互聯網出行領域的贏家，美團、口碑成為互聯網外賣市場的主導。但應看到的是，即使少數企業勝出，競爭依然是常態。在充分競爭的細分行業，隨時可能出現新的挑戰者。

第四，「互聯網＋」在創新發展中，會對現行法規制度、傳統利益帶來前所未有的挑戰，需要政府包容性治理。

「互聯網＋」時代，平台化、融合化、自媒體化等特徵日趨明顯，新興業態和模式難以預見和窮舉，再加上新興業態對傳統落後生產力和既得利益造成衝擊，導致有很多不理解、憂慮甚至是建議抹殺的聲音出現。

對於這些出現不過數年時間的商業現象，政府要做的不是簡單地贊成或反對，而應該是以相對寬容的態度積累更多對新業態、新模式的認識和理解，進而解決制度規範和利益體之間的矛盾。這就需要政府轉變思路，由「監管」到「治理」，提倡「包容性監管」。具體而言，對於新生事物要進行差異化和適度監管，在監管中鼓勵創新，寬容試錯；強調市場的力量，通過充分競爭和鼓勵更好的商業模式來探索更先進的管理模式，實現內生性治理和多元合作治理。

第五，「互聯網＋」應有全局意識，警惕資源的爭奪。

「互聯網＋」是以互聯網平台為基礎，利用信息通信技術與各行業跨界融合，推動產業轉型升級，並不斷創造出新產品、新業務與新模式，構建連接一切的新生態。但從現狀來看，部分地方仍在沿用舊有的發展觀念來圈地、圈項目，把「互聯網＋」落在具體項目、企業資源的爭奪和孵化培育上，這無形中把「互聯網＋」與行業割裂開來。

未來，「互聯網＋」應堅持去中心化發展，而非一味推進具體項目的孵化，只有這樣才能最大限度地連接各行各業，最大化地發揮生態的力量。因此需要政府做好互聯網生態環境的營造，在法規政策、金融、基礎設施、人才、文化、創新等方面預留最大的發展空間。

第六，「互聯網＋」時代，安全覆蓋更廣的範圍、層面和維度，網絡安全形勢將變得更加複雜嚴峻。

「互聯網＋」時代，繁多的接入設備、多樣的操作系統、豐富的應用場景使得安全已經不只局限於傳統的網絡安全、信息安全、物理安全，而是覆蓋更廣的範圍、層面和維度。萬物互聯使得安全事件呈現全球傳導的趨勢，國家網絡空間的系統性風險不斷加劇。

為保障網絡安全，維護網絡空間主權和國家安全、社會公共利益，保護公民、法人和其他組織的合法權益，促進經濟社會信息化健康發展，我國制定了《中華人民共和國網絡安全法》，自 2017 年 6 月 1 日起施行。這是我國網絡空間法治建設的重要里程碑，是依法治網、化解網絡風險的法律重器，可保障互聯網在法治軌道上健康運行。

2.3　「互聯網＋」行動計劃邁向網絡空間命運共同體

結合實踐，着眼全球。「互聯網＋」行動計劃的提出不僅給我國各地、各行業帶來了創新的實踐和深遠的影響，也把獨特的經驗和創新的理念帶向了全球。網絡空間成為全球治理體系變革的新領域，互聯網日益成為你中有我、我中有你的命運

共同體。我國數字經濟發展突飛猛進，該領域正不斷地加強開放合作，向全球傳播創新的經驗。

2.3.1 全球互聯網發展的九大趨勢

互聯網正成為 21 世紀加速人類歷史發展進程的重要動能，成為推動全球創新與變革、發展與共享、和平與安全的重要議題。把握互聯網發展趨勢，深化互聯網應用，加強互聯網治理，才能讓互聯網更好地服務於人類社會的發展。

網絡空間是人類共同的活動空間，網絡空間的前途命運應由世界各國共同掌握。各國應該加強溝通、擴大共識、深化合作，共同構建網絡空間命運共同體。

2017 年 12 月 20 日，在中共中央黨校《學習時報》上，賽迪研究院互聯網研究所副所長陸峰博士（現任電子信息產業研究所副院長）發表了文章 ——《全球互聯網發展九大趨勢》。文章總結了全球互聯網發展的九大趨勢，摘錄如下。

趨勢一：將成為全球產業轉型升級的重要助推器

互聯網正在為全球產業發展構建起全新的發展和運行模式，推動產業組織模式、服務模式和商業模式全面創新，加速產業轉型升級。眾包、眾創、眾籌、網絡製造等

無邊界、人人參與、平台化、社會化的產業組織新模式將
讓全球各類創新要素資源得到有效適配和聚合優化，移動
服務、精準營銷、就近提供、個性定製、線上線下融合、
跨境電商、智慧物流等服務將讓供求信息得到及時有效對
接，按需定製、人人參與、體驗製造、產銷一體、協作分
享等新商業模式將全面變革產業運行模式，重塑產業發展
方式。互聯網構建的網絡空間，將讓產業發展更好地聚集
創新要素，更好地應對資源和環境等外部挑戰，將推動全
球產業發展邁入創新、協調、綠色、開放、共享的數字經
濟新時代。

趨勢二：將成為世界創新發展的重要新引擎

互聯網已經成為全球技術創新、服務創新、業態創新
和商業模式創新最為活躍的領域，互聯網企業正在成為未
來全球創新驅動發展中最為廣泛、最為耀眼、最為強勁的
創新動能源泉，將成為全球技術創新、產業創新、業態創
新、產品創新、市場創新和管理創新的引領者。人口、資
源、市場等驅動國家發展的傳統紅利要素，正在全面讓位
互聯網創新發展的紅利，互聯網創新將成為推動世界持續
發展的重要新動能，將帶領人類全面跨入創新發展的快車
道，創新、智能、變革的社會正因為互聯網創新加速到來。

趨勢三：將成為造福人類的重要新渠道

科技改變未來、科技讓生活更美好，正在因為互聯網發展得到廣泛體驗。互聯網促進了開放共享發展，泛在化的網絡信息接入設施、便捷化的「互聯網＋」出行信息服務、全天候的指尖網絡零售模式、「一站式」旅遊在途體驗、數字化網絡空間學習環境、普惠化在線醫療服務、智能化在線養老體驗、無時空的網絡社交娛樂環境將全面點亮智慧地球，開啟人類智慧生活新時代，將極大地促進國家、區域、城鄉、人群等的協調、開放和共享發展，促進世界發展成果更好地惠及全人類。

趨勢四：將成為各國治國理政的新平台

「指尖治國」將成為新常態，「互聯網＋政務服務」、移動政務、大數據決策、微博、微信、Facebook、推特等的廣泛應用將深刻改變政府傳統運行模式，構建起網絡化、在線化、數據化和智能化全天候政府，精準服務、在線監管、預測預判、事中事後處置、網絡民意調查等能力全面提升，不僅創新了宏觀調控、社會管理、公共服務和市場監管模式，更能促進國家治理體系和治理能力現代化。

趨勢五：將成為國際交流合作的新舞台

　　互聯網正在開啟一個大連接時代，網絡讓世界變成了「雞犬之聲相聞」的地球村，相隔萬里的人們不再「老死不相往來」。互聯網服務已經成為國際交流合作的重要橋梁，不僅讓不同國家、區域、民族、種族和宗教等的人群文化交流和業務活躍起來，更是開啟了一個新的世界外交時代。資源外交、市場外交、金融外交、軍事外交等時代正在成為過去，以人為本、以服務發展為宗旨的互聯網服務外交、互聯網企業家外交的時代將全面開啟，世界交流合作正在因為互聯網而變得緊密而和諧。

趨勢六：將成為國家對抗的新戰場

　　互聯網和經濟社會的融合發展讓網絡空間成為各國經濟社會活動的重要新空間，世界許多國家都將網絡空間視為繼領土、領海、領空、太空之後的第五戰略空間。隨着經濟社會活動向網絡空間的延伸，未來網絡空間承載的經濟社會和國家安全價值將越來越大，誰率先掌握了網絡空間規則制定，誰就能贏得未來發展的主導權。網絡空間正在深刻地影響着國際關係，未來各國圍繞網絡空間的爭奪將會變得更加激烈。和平與發展是世界未來之大勢，加強

國際互聯網治理，尊重網絡空間主權，維護網絡空間和平安全，減少網絡空間摩擦，尋求網絡空間利益共同點，建立網絡空間新型大國關係，構建網絡空間命運共同體，將成為未來世界謀求新發展共同的呼聲。

趨勢七：將成為國際競爭的新利器

互聯網互聯互通，網絡沒有國界，受各國政策壁壘影響較少，全球化的互聯網服務將成為一國參與國際競爭的重要利器。互聯網服務輸出將成為數字經濟時代一國構建國際競爭力的重要手段，網絡服務將成為互聯網發達國家對不發達國家進行政治滲透、經濟滲透和社會動員的重要手段，國家之間政治、經濟、社會、軍事等各類競爭越來越離不開互聯網。建立和完善網絡空間對話協商機制，研究制定全球互聯網治理規則，使全球互聯網治理體系更加公正合理，更加平衡地反映大多數國家意願和利益，才能更好地促進各國的競爭與合作，才能更好地構建公正合理的國際政治經濟新秩序，才能更好地促進世界共同發展和共同繁榮。

趨勢八：將開啟信用社會發展新序幕

互聯網正在為經濟社會發展構建一個網絡化、在線化

的數字化運行空間。與互聯網相關的各類經濟社會活動均在網絡空間中用數字形式保存了下來，全程記錄、處處留痕、事後可溯等模式將讓網絡經濟時代經濟社會活動更加可溯、可治、可信，個人信用、企業信用等信用信息將變得可實時化採集和綜合化分析利用，信用成為網絡經濟時代最為寶貴的財富，基於信用的經濟社會活動將更加全面普及，互聯網將開啟全球信用社會發展新序幕。

趨勢九：網絡安全將成為人類面臨的共同挑戰

互聯網為人類社會構建了全新的發展空間，隨着網絡空間成為人類發展新的價值要地，網絡空間安全問題日益突出。網絡攻擊日趨複雜，網絡黑客呈現出規模化、組織化、產業化和專業化等發展特點，攻擊手段日新月異、攻擊頻率日益頻繁、攻擊規模日益龐大，各類網絡攻擊事件對全球經濟社會發展造成的影響越來越大。網絡犯罪日益呈現出分工精細化、利益鏈條化、操作專業化等特點，社交軟件已經成為網絡犯罪的重要工具和陣地，網絡犯罪年年持續遞增，影響越來越大，已經成為許多國家第一大犯罪類型。重大網絡數據泄露事件頻繁發生，社會破壞性越來越大，對保障個人隱私、商業祕密和各國安全都造成

了極大影響。網絡恐怖主義加速蔓延，恐怖主義利用互聯網內外遙相呼應，對各國安全造成了巨大挑戰。另外，隨着互聯網向物聯網領域的拓展，網絡安全問題延伸到了經濟社會各個領域，未來網絡安全問題將像火災一樣無處不在。加強網絡空間治理，打擊網絡犯罪和網絡恐怖主義，攜手共同應對全球網絡安全問題，將成為未來世界共同發展的重要議題。

2.3.2 「互聯網＋」行動計劃面向全球

一方面，我們要了解把握、學習尊重全球互聯網的發展趨勢；另一方面，也要着眼世界。我國「互聯網＋」行動計劃也在面向全球，書寫「中國意見」。在 2017 年召開的第十一屆夏季達沃斯論壇上，國務院總理李克強在回答代表關於「互聯網＋」的問題時表示：「中國在大力推動『互聯網＋』，這本身就是面向全球的。我們有很多雲平台是在吸納國外的企業乃至個人參與的，雲平台上外國企業註冊的數量在大幅度增加。在基礎電信和增值方面，中國也對外資開放了很多業務，這在發展中國家可以說是最高開放水平。所以外國投資者在這個領域有着巨大的發展空間。」

我國正在積極推進跨境電子商務，外國企業也開始利用

這些電子商務平台來銷售產品和服務。「只要你們能想到，就有可能做到。」李克強總理強調，中國政府會採取包容審慎的監管方式，讓國外和中國的企業共同發展，為中國的經濟助力，使中國人民的生活更方便。

走向全球的互聯網也為「一帶一路」建設的快速推進及相關國家的經濟增長提供了新動能。2017 年公佈的《「一帶一路」國際合作高峰論壇圓桌峰會聯合公報》中提到，加強創新合作，支持電子商務、數字經濟、智慧城市、科技園區等領域的創新行動計劃，鼓勵在尊重知識產權的同時，加強互聯網時代創新創業模式交流。「一帶一路」這一於 2013 年秋提出的重大倡議如今正朝着「數字絲綢之路」邁進。

伴隨着「一帶一路」倡議的深入推進，「一帶一路」沿線國家之間的數字信息互聯互通穩步推進。跨境電商和移動支付迅速進入「一帶一路」沿線國家，影響了當地居民的消費習慣與消費方式。

作為「一帶一路」建設的重要力量，我國諸多優秀的企業紛紛「走出去」，與國外企業開展經濟合作，惠及沿線國家，實現了互利共贏。例如，阿里巴巴通過普惠金融、雲計算和 eWTP 倡議等數字經濟領域的發展，促進「一帶一路」沿線

國家貿易暢通、數字基礎設施完備，為全球中小微企業和青年人創造了普惠和可持續發展的機遇。華為憑藉自身積累的電信運營優勢，支持「一帶一路」沿線國家的基礎設施建設。蘇寧聚焦零售主業，通過智慧零售搭建起與「一帶一路」沿線國家的經貿、文化合作的橋梁，為我國乃至全世界的消費者提供品質化的產品和服務。

尾聲

從 2015 年初至今，在各地、各行業踐行「互聯網＋」行動計劃的過程中，優秀解決方案不斷湧現，這些方案都是結合自身需求的創新。這些生動的實踐證明了「互聯網＋」是連接與賦能的基礎設施，它將會成為各個傳統產業的數字助手，提升行業的運行效率。

與互聯網的不斷融合正在推動着許多行業的創新發展。自從「互聯網＋」行動計劃被作為國家戰略提出，各地方政府和不同企業都在積極搶佔風口，映照着互聯網時代的發展速度。但風口之下，也存在一些盲目投入、一哄而上的錯誤傾向。這是缺乏對「互聯網＋」的深刻理解、僅僅為了追逐風口的跟風行為，其結果必然是既浪費了資金資源，又無法真正推

動行業的創新發展。因此，無論是政府還是企業，在採取行動時，都必須冷靜思考，深刻理解「互聯網＋」的內涵，結合自身情況擬訂合理的發展計劃。

「互聯網＋傳統產業」並不是簡單的兩者相加，而是利用信息通信技術以及互聯網平台，讓互聯網與傳統產業進行深度融合，創造新的發展生態。它代表了一種新的社會形態，即充分發揮互聯網在社會資源配置中的優化和集成作用，將互聯網的創新成果深度融合於經濟、社會各領域之中，提升全社會的創新力和生產力，形成更廣泛的以互聯網為基礎設施和實現工具的經濟發展新形態。

第三章

互聯網改變生活

本章導覽

　　互聯網對人民生活的改變滲透到了「毛細血管」，被互聯網改變的生活方式不斷刺激着整個社會效率的提升。互聯網新產品、新業態競相湧現，消費互聯網所爆發出的巨大生命力也成為加速社會資源流動、拉動消費的有力槓桿。

　　共享經濟帶來的社會資源利用率的提升有目共睹，但在發展的初期，因發展速度太快，共享經濟帶來了細分領域的過度競爭，引發了泡沫式發展。共享經濟要服從互聯網發展的基本規則，相應的法規完善、社會誠信的建立以及適度監管政策的及時出台是市場良性發展的保證。

　　從把互聯網當成獲取信息的手段、提高效率的工具，到「數字原住民」的出現，人們的社交關係隨着互聯網的發展而不斷變化，世界逐漸變得密不可分。

　　在娛樂休閒、文化需要等精神生活層面，互聯網改變了傳統的內容傳輸形式，用更普惠的傳播手段和更廣泛的覆蓋方式，讓最優質資源觸達儘可能多的有需求的人群。

　　在 2019 年的政府工作報告中，「互聯網＋教育」這一概念被重點提及。科技在進步，時代在變遷。我國的教育行業也因為與互聯網的不斷融合，獲得了飛速發展。

引言

每次新技術的浪潮席捲，都會為個體的生活形態帶來一次全新的變革。互聯網的出現對人類社會的發展產生了綿延深遠的影響，它極大地推動了物質生活的便利化，也讓人類的精神生活變得前所未有地豐富。

衣食住行正全面互聯網化。O2O 引發的「戰爭」還未平息，新零售的「戰火」又一次被點燃。共享經濟從備受追捧到集體反思，從成為明星到變為泡沫，可能只需要兩個夏季的時間。但無論如何，那些不斷湧現的新模式都在推動我們的物質生活朝着更便利、更智慧的方向發展。

屏幕在不斷縮小，世界也可以直播。傳統社會關係被遷移到網絡上，有了技術作為中介，人際溝通變得暢通無阻。娛樂休閒、獲取知識、了解世界，信息在快速交織，人類的精神生活也在互聯網的世界裏得到極大的豐富。

3.1 互聯網生活的「供給側改革」

手指滑動、點擊，網民的一天開始了。

清晨 6:30，伴隨着一段悠揚的音樂鬧鈴，智能窗簾自動

打開，智能電飯煲「叮」的一聲響起，智能音箱中傳出一份熱騰騰的「新聞早餐」。手機約車，開啟躲避擁堵的導航模式，一路向辦公室飛奔。路上，聽一節 20 分鐘的在線課程，刷一會兒朋友圈，在幾個 App 之間來回切換。中午，點一份外賣，看一會兒小視頻。確定周末拼車的路線，預約一家民宿。嘗試更多的生活可能，卻不用把所有東西都買回家。共享的意義在於提高資源的使用效率，減少不必要的資源浪費。

從 O2O 到新零售，從共享經濟到全民直播，互聯網新產品、新業態競相湧現，讓民眾切實感受到了生活的便利和美好。

3.1.1　互聯網帶來餐桌上的變化

民以食為天。因為互聯網，波士頓的大龍蝦、智利的牛油果、泰國的頂級榴蓮，點點指尖，就可以出現在餐桌上。不僅僅是食物，吃的場景也越來越豐富：我們可以足不出戶就享受一頓由星級酒店大廚親自上門服務的牛排大餐，在辦公室享用幾千米外新餐廳推出的熱乎乎的蓋飯，聚餐時從食材到電火鍋都能安排的海底撈外賣，跟隨着手機軟件和地圖「邊逛邊吃」……對於「吃」這件事，我國的互聯網從業者絕對是認真的。

生鮮電商孵化了「網紅」水果家族

伴隨着電子商務的發展成熟和物流配送的專業化提升，一批主打「吃」的垂直電商網站如雨後春筍般誕生了。全球選品、冷鏈宅配、基地直送，保證食品安全又營養美味，形成了幾大核心賣點。

2012 年，媒體出身的本來生活團隊憑藉「褚橙」這款明星產品一戰成名，打開了生鮮電商市場。這一年是我國生鮮食品電商元年，數千家生鮮電商扎堆湧現。名人效應＋高品質＋互聯網的推廣手法＋專業的配送，諸多「爆款水果」不斷湧現。一時之間，褚橙、柳桃、潘蘋果、任小米走紅網絡。但相比用 8000 元的成本成功孵化出品牌價值 50 億元的「褚橙」，追隨者們的人氣還是有點弱。

2016 年，多家生鮮平台開始出現資金斷裂、官網暫停運營、破產清算等現象，生鮮電商行業進入「寒冬」。我國 5 萬億生鮮市場的破局之道，開始被重新嚴肅思考。

互聯網對於「吃」的改造效果是立竿見影的。據相關部門的數據統計，當前，我國每十人中就有一人有過在網上下

單訂餐的經歷，這個市場的紅火程度可見一斑。對於依賴高頻、剛需的互聯網模式來說，「吃」無疑是最好的突破口。互聯網發展的這些年，無論是食物的豐富性還是吃飯的便利性，都有了很大的提升。傳統的餐飲企業也都紛紛「觸網」，很多線下門店通過開通網上外賣功能增加了銷售額。

除了每個家庭的吃飯問題，我國餐飲行業也因為互聯網的到來開始了數字化進程。根據易觀發佈的《中國餐飲市場互聯網化及數字化分析 2018》報告，「互聯網＋餐飲」給傳統餐飲業帶來了新的發展契機，餐飲業正從傳統服務業向現代服務業轉變，服務方式和市場結構發生了巨大變化，市場空間因為有了互聯網的融入，得到了新的拓展，市場機會日益增多。伴隨着互聯網化的逐步成熟，餐飲企業經營的集團化、網絡化、數字化趨勢加快，「智慧餐飲」的概念開始在傳統餐飲業萌發。

3.1.2　新商業模式的背後

從生活的細微處出發，互聯網給每個家庭帶來的細小變化正匯聚成河，成為源源不斷的新能量，注入經濟、社會各領域轉型升級的汪洋大海中。但在這個過程中，同質化的競爭和一窩蜂地「大幹快上」也給我們帶來了反思，「千團大

戰」的慘烈場面讓人觸目驚心，曾經火爆的 O2O 如今也已無人問津。

從「千團大戰」到「吃貨平台」

2010 年 3 月 4 日，在搜狐網絡大廈對面的居民區清華嘉園 13 號樓的 805 室，15 個年輕人上線了一個團購網站 —— 美團。第一單是梵雅葡萄酒品嚐餐，最終只成交了 79 份，但整個團隊都很興奮。

興奮的日子還沒過多久，戰爭的號角就已經迅速吹響，一場城市的「陣地戰」正面開始。美團、聚劃算、糯米團、拉手網、24 券、窩窩團、滿座、團寶、嘀嗒團……自 2010 年初我國第一家團購網站上線以來，到 2011 年 8 月，我國團購網站的數量已經超過了 5000 家。整個互聯網行業都在期待着美國團購網站 Groupon 創造的高利潤神話在中國得到複製。融資戰、廣告戰、拉鋸戰、陣地戰，最初消費者對 9.9 元團購大餐滿懷興奮和期待，而後到店體驗時因被區別對待而產生不滿，於是團購這一模式逐漸讓消

費者和商家都失去了耐心。

最終，美團脫穎而出，並於 2013 年成立美團外賣。團購「戰爭」蔓延到網上外賣市場，消費者又開始了一段「免費」吃外賣的日子。2015 年 10 月，美團與大眾點評合併，互聯網公司掀起的這場「吃貨的戰爭」終於暫時休戰。

繼 O2O 之後，「新零售」的東風又刮向大街小巷。「新零售」「智慧零售」「無人零售」……各種概念層出不窮，大型互聯網企業忙着搶佔風口。改造傳統賣場的口號已經喊出，不斷擴張的線下門店和創新的經營理念引發了大眾的追捧。

以盒馬鮮生為例，2017 年它依靠「零售＋餐飲」、線上線下一體化、30 分鐘到家等新模式，引發廣大關注，門店快速擴張，平均不到一個半月就開一家分店。但據媒體報道，盒馬鮮生於 2019 年 5 月 31 日關閉崑山新城吾悅廣場店，「狂奔」的盒馬鮮生在全國開出 150 家門店後，首次「踩下了剎車」。

雖然關店只是個例，但對於方興未艾的新零售而言，發展依靠的顯然不應該只是「速度與激情」，精細化的運營、合理的定位和成本分析才更為關鍵。

3.2　從狂熱到理智：共享經濟的修復與反思

共享經濟的根本在於物品擁有權和使用權的分離，讓閒置的社會資源得到最大化的利用。在互聯網充分發展之前，擁有權和使用權的分離很難具體到單個物品每時每分的利用上，也就導致能夠出租的資源受到很大限制。但互聯網足夠發達後，資源的配置可以細化到 7×24 小時，隨時無縫匹配供給與需求，徹底改變了供給的模式，從而帶來嶄新的商業模式。

共享經濟帶來的社會資源利用率的提升有目共睹，但共享經濟在發展的初期也呈現出一定的問題。因為發展速度太快，它也帶來了細分領域的過度競爭，引發了泡沫式發展。例如，在共享單車爆發式成長的頭幾年，各地出現了不同公司的各種品牌的共享單車，一時之間，人們戲稱，共享單車品牌太多，彩虹的顏色都不夠用了！更為嚴重的是，在資本的角力下，部分城市中的共享單車的製造和投放已經遠遠超過市場的容量，導致整個單車生產行業產生了變化。

共享經濟提高了資源的利用效率，但在對有限資源的爭奪過程中也出現了跟風和蠻幹現象，最終，行業嚐到了苦頭。

3.2.1　互聯網改變出行方式

　　共享經濟的經典案例出現在出行和住宿兩大領域。最有效率的租車公司可能並不擁有自己的車輛；網絡最為密集、提供源源不斷的房源的酒店住宿提供方，可能並不擁有自己的任何實業。它們所做的只是把閒置的資源信息分發出來，並和實時產生的需求進行匹配。這些公司在短短幾年之內，以指數級的增長速度迅速改變了行業幾百年來建立的運行規則。先來看看出行。

案例

曠日持久的「打車大戰」

　　說起共享經濟的「鼻祖」，就不得不提在 2009 年於美國舊金山成立的 Uber（優步）公司。Uber 最初是想創造一種能夠以 App 預訂的高檔汽車共享服務，結果隨着不斷地發展壯大，對整個世界出行領域產生了巨大的影響。

　　2012 年，我國的打車軟件市場開始再現團購時代的壯觀場景。出租車司機的手機裏裝滿了各式各樣的打車軟件。在分別接受騰訊和阿里巴巴的投資後，嘀嘀（後於 2014 年 5 月更名為「滴滴」）和快的在 2014 年春節開啟了

一場補貼大戰。

恰逢春節，除夕至正月初二是用車高峰期，全國平均打車成功率是 55％。一場「免費打車」的「燒錢遊戲」正式開啟。繼乘客乘車返現 10 元、司機得 10 元獎勵之後，2014 年 2 月 18 日，嘀嘀和快的先後宣佈再次提升每單減免額度，上調補貼金額，價格戰繼續升級。

伴隨着瘋狂的價格戰，全國人民迅速知道了如何用手機打車，更為重要的是，打車這個高頻次動作讓移動支付得以迅速普及。這場價格戰意義非凡，它用真金白銀培養了用戶移動支付的使用習慣。

相比打車軟件背後的資本方對於支付和生態的佈局，價格戰本身給出行市場帶來的衝擊和後果也開始逐漸顯現。「羊毛黨」開始行動，為了獲得返現，不少消費者不到 2 千米的路程也開始打車，這種「佔便宜」的心態其實造成了資源的浪費。面對高額的市場補貼，刷單、作弊、騙補等歪招也頻頻出現，系統頻頻「卡殼」，市場秩序一度混亂。

隨着打車大戰暴露出越來越多的問題，多部門的調控也逐漸開始。在「燒錢」4 個多月後，嘀嘀和快的兩大打車軟件開始逐步降低補貼金額。2014 年 5 月 16 日，嘀嘀和快的同時宣佈於 5 月 17 日停止對乘客的現金補貼。

調研數據顯示，滴滴提升了社會出行資源的利用率。傳統出租車空載率高達 40％，而滴滴等共享服務軟件使得出租車在路上的空載率降至 10％ 以下，同時，使得私家車購買意願降低了 10％。2015 年，滴滴宣佈正式上線「快車」「拼車」功能。拼車讓高峰出行效率提高了 27％。

可以說，滴滴的貢獻之一在於，通過打車這樣一種每天都可能發生的高頻交易，改變了我國消費者對擁有權的認知，讓消費者真正理解，擁有的實際意義在於使用。如果能夠在任何時刻便利便捷地使用某物品，那麼，該物品是否為你所有，其實並不那麼重要。甚至在不需要這種物品的時候，最好的方式就是將其使用權釋放出來，供有需求的人來使用。

然而，瘋狂地燒錢，沒有剛需卻被短期利益吸引的「羊毛黨」，刷單的黑色產業鏈，從多個公司競爭到「寡頭壟斷」的市場格局，存在的安全隱患⋯⋯給整個出行市場留下了後遺症。

經過資本的撮合和幾次併購，滴滴最終成為目前內地規模最大的互聯網出行平台。在它的發展過程中，監管沒有缺席。從網約車在不同城市的投放數量，到對私家車參與網約車經營活動的備案需求，再到對順風車的嚴管和公民隱私的保護，監管部門在鼓勵創新的同時，堅持審慎包容原則，給新業

態的發展提供了較大的空間。在當前的情況下，依然需要根據發展情況逐步調整相關政策，從而使公眾的利益在安全的情況下實現最大化。

3.2.2　互聯網改變租住意識

相比傳統的酒店等公共空間的租賃，把自己的私人空間共享出來，「共享住宿」的消費潮流在年輕群體中逐漸盛行。一套房、一間屋，都可以成為在異域他鄉旅行時的安身之所。這種新興的共享經濟模式通過盤活閒置的住房資源，很快用低廉的價格與便捷的體驗不斷開拓出新的市場。

案例

「共享沙發」和「中國學徒」的反超

說起共享住宿，不得不提被譽為「鼻祖」的 Airbnb。Airbnb 是 Air Bed and Breakfast（「Air-b-n-b」）的縮寫，中文名為愛彼迎，它是一家聯繫旅遊人士和家有空房出租的房主的服務型網站，可以為用戶提供多樣的住宿信息。2011 年，Airbnb 的業績令人難以置信地增長了 800％。

Airbnb 的出現改變了人們的租住意識，也改變了它所

在的行業，出現了不少「中國學徒」。這種共享的模式也被成功應用到其他行業。如果抽象地描述 Airbnb 的概念，那它的邏輯應該是：有空閒的私人資源就可以出租，就可以提高閒置資源利用率，從而獲得更大收益。

Airbnb 這隻誕生於硅谷的「獨角獸」正式進入我國後，並未如許多人之前預期的那樣迅速走紅。相反，途家、住百家、小豬短租等 Airbnb 的「中國學徒」們在我國市場的份額卻在不斷增大。

2012 年，主打「居住自由主義」的小豬短租正式成立。該平台的定位是提供短租住宿服務，致力於挖掘有潛力的閒置房屋資源，搭建一個誠信、安全的在線溝通和交易平台。該平台對房客免服務費，對房東收取的服務費率為 10％。截至 2017 年，平台活躍用戶已超過 2000 萬，交易額已超過 25 億元。截至 2018 年，小豬短租的房源範圍覆蓋了全球 60 多個國家和地區的 710 餘座城市。

相比 Airbnb 剛開始在我國的水土不服，國內的共享住宿企業走出了一條特色之路。這種競爭背景反過來也讓 Airbnb 針對我國消費者做出了改變。2018 年 10 月 16 日，Airbnb 宣佈調整中國區服務費率：對房客收取的服務費率從平均 13％下調至 0，對房東收取的服務費率從 3％上調至 10％。

在我國經濟進入「新常態」的大背景之下，未來的共享經濟行業也將面臨模式創新、技術智能化、服務標準化等多方面的考驗，純平台的模式將不再具備產生顛覆性變革的能力。共享住宿也從 Airbnb 誕生初始的「共享沙發」平台模式，朝着包含保潔管家、智能家居、軟裝設計、託管物業等配套服務的「平台＋」模式演變。共享住宿藉助產業協同的力量，釋放空間，讓更多的人成為共享經濟的參與者和受益者。

3.2.3　互聯網帶來新型辦公模式

如果說共享住宿帶來的是一種居住空間的共享，共享辦公則把目光瞄準了辦公空間。與共享住宿的發展路徑類似，2010 年創立於紐約的 WeWork 聯合辦公空間在我國也有諸多「學徒」。作為大眾創業、萬眾創新的相關產物，共享辦公激發了不少創業者「用一張桌子開啟夢想」的遠大理想。但中關村創業大街熱了又涼的咖啡和「桌子太多，創業者不夠用了」的瘋狂讓人心有餘悸。值得慶幸的是，在經歷了行業的「洗牌」之後，共享辦公空間的運營面積不斷增加，有的還搬進了甲級寫字樓。

納什空間入駐甲級寫字樓

　　自從京東總部搬離北京國家會議中心旁的北辰世紀中心後，這座地理位置優越的寫字樓就變得冷清起來。2018年，情況發生了變化。隨着納什空間的入駐，不僅是8000餘平方米的辦公空間本身，整座寫字樓都變得熱鬧起來了。

　　中午時分，掛着工牌的員工在便利蜂超市裏排起了長長的隊伍，隊尾甚至甩到了旁邊的「光豬圈」健身房門口。不時有行色匆匆、揹着電腦包或拎着資料袋的路人來到這裏，他們會直接放棄門口那家嘈雜又找不到座位的星巴克，拿起手機微信掃碼，進入一個更適合辦公的空間。

　　在共享辦公空間行業，運營1萬平方米、10萬平方米、50萬平方米和100萬平方米的空間，對運行流程、標準化和技術系統的要求幾乎完全不同。做到100萬平方米，就可以產生規模效益。我國共享辦公空間行業看似規模不小，但在北京、上海、廣州、深圳等一線城市，優質寫字樓有7000萬餘平方米，共享辦公空間的滲透率還很低。目前共享辦公空間行

業處於發展的初期，市場佔有率不足 3%，未來還有很大的成長空間。共享辦公空間不僅有效地提升了資產價值，增加了人流量，還拉動了商業需求。

走向海外的優客工場

優客工場成立於 2015 年 4 月，致力於用互聯網模式革新傳統辦公場景，打造基於網絡社群的商業社交和資源配置平台，為創新企業提供全產業鏈服務，其口號為「讓平行世界的人相互遇見」。得到、地平線機器人等已入駐優客工場，並在此不斷發展壯大。

2017 年 6 月，優客工場標誌性的橙色 Logo 第一次出現在新加坡緯壹科技城社區，優客工場全球會員體系正式啟動的國際第一站就在這裏。以共享之名，辦公空間幫助中國企業走出國門，同時協助海外企業進入中國。

2018 年 12 月，數據顯示，優客工場已經在全球 44 座城市佈局了 200 多處共享辦公空間，包含 9 萬餘張辦公桌，擁有 1000 餘家服務商。這些共享辦公空間聚集了 15 000 家懷揣夢想的企業，並擁有 30 萬全球會員和近 20 萬入

駐工友，總管理面積超過 70 萬平方米。

　　共享辦公空間既可以服務於自由職業者和遠程辦公者，又可以服務於幾人或者幾十人的初創公司。利用這樣的空間，初創公司不僅可以節省辦公室租賃成本，還可以與其他創業團隊交流想法，拓展商業社交圈子。

　　2015 年發展達最高峰時，我國的共享辦公空間企業多達 3000 家。在經歷了爆發式增長之後，行業迎來洗牌期。根據 VC SaaS 的數據預測，我國共享辦公空間企業的數量在 2020 年將超過 5000 家。

　　目前我國共享辦公空間行業仍然處於高速發展階段。激烈的市場競爭倒逼共享空間運營者進行差異化經營，提升運營效率、拓寬收入渠道才能保證企業持續良好地運轉。

3.2.4　共享經濟的利與弊

　　共享經濟見證了互聯網生活的一路高歌猛進，也在用盲目跟風的殘酷後果、泡沫破裂的事實和安全隱患等問題不斷提醒年輕的互聯網創業者們：資本可以將年輕的企業推向風口，但如果沒有正循環的經營模式和自我造血的能力，單純依賴資本投入的價格戰不會長久。

　　如何正確看待共享經濟的利與弊？如同所有互聯網經濟一樣，共享經濟也要遵循互聯網發展的基本規則。基於互聯網的商業模式，其最大的特點是，固定成本巨大，而邊際成本可趨近於零。簡單來說，一個打車軟件上線之後，服務一萬個用戶和服務一億個用戶的成本基本沒有變化。在每一個細分行業的發展初期，必然會有不同資本加持之下的不同公司在同一領域的正面競爭。互聯網高度競爭的特點也導致在每一個細分領域，最終都僅僅只有極少數的幾個贏家。細分市場的第一名通常會佔據具有絕對優勢的市場份額。也正因如此，資本在角力之初，通常會加重籌碼，力爭在第一輪的用戶基數之戰中拔得頭籌，而第一輪的用戶基數之戰所投入的成本，可以在後期經過商業模式的變換，通過其他的方式慢慢收回。

　　一方面，第一階段的搶奪用戶大戰消耗了巨大的資金及社會資源，但另一方面，這也是互聯網企業成長的必經之路。從第一階段的行業大爆發到行業大洗牌，由市場篩選出最有力的選手，這些選手在細分領域中以絕對優勢成長起來，並迅速淘汰其競爭對手。

　　互聯網企業的發展規律注定其和傳統企業穩紮穩打、幾十年慢慢深耕一個領域有顯著的不同。小步快跑、快速迭代、不斷在試錯中修正前行，互聯網企業發展的這些特點是其

保持創新及帶動經濟增長的新舊動能轉換的關鍵要素，也不可避免地會在某一發展階段造成市場的暫時混亂和資源的浪費。相應法規的完善、社會誠信的建立以及適度監管政策的及時出台是市場良性發展的保證。

3.3　人人皆網友，一屏一世界：新娛樂和新社交

與不斷豐富的物質生活相比，互聯網對娛樂和社交的改變是潛移默化的。從把互聯網當成獲取信息的手段、提高效率的工具，到「數字原住民」的出現，人們的社交關係隨着互聯網的發展而不斷變化，世界逐漸變得密不可分，不同代際的人群也可能因為相似的興趣或相同的目的而聚集。在娛樂領域，互聯網的出現極大地豐富了娛樂形式，整個娛樂產業也開始進入大發展時期。

互聯網在娛樂產業的應用經歷了從個體體驗到產業升級的變化。起初，人們通過互聯網可以看電影、聽音樂，隨着互聯網技術的不斷發展進步，互聯網對娛樂產業的影響和變革進一步深化。互聯網推動着娛樂產業向平台化、社交化、人人化、消費化和生態化方向發展，娛樂產業資源得到極大豐富，娛樂服務模式更具多樣性和個性化，娛樂商業模式得到極

大創新。網絡化、平台化、社交化、平民化已經成為當前娛樂產業變革創新的主要模式和路徑。

一是互聯網讓娛樂產業向網絡化方向發展，隨時隨地娛樂成為娛樂新常態。互聯網的發展深刻改變了大眾娛樂的組織模式，電影院、KTV、音樂廳、棋牌室等傳統的線下娛樂模式正在一步步被線上娛樂模式取代，在線影院、在線 KTV、在線音樂和網上棋牌室等新的娛樂業態正在迅猛發展。移動互聯網快速發展以後，尤其是隨着 4G 網絡的不斷完善和移動智能終端的大規模普及，移動端的在線娛樂體驗得到極大提升，愛奇藝、優酷、唱吧、QQ 音樂、QQ 棋牌室等移動在線娛樂平台已經成了大眾在碎片時間裏休閒娛樂的主要去處，讓民眾隨時隨地在線享受娛樂體驗已經成為當今我國娛樂產業的新寫照。

二是互聯網讓娛樂產業向着平台化方向發展，網絡平台經濟價值規律在娛樂產業中得到驗證體現。根據梅特卡夫定律，網絡平台的價值與參與用戶數量的平方成正比，在線娛樂網絡平台也不例外，隨着參與娛樂的用戶數量的增多，在線娛樂平台的規模效益越來越凸顯，大眾群娛群樂的能力越來越強，娛樂產業的熱點、興奮點、敏感點和爆發點不斷增多和被挖掘，娛樂活動更加活躍和豐富。在線娛樂平台可以讓不同國

籍、不同地域、不同性別、不同年齡的人為了共同的興趣愛好，集中在一個網絡唱吧中唱歌，圍坐在一個網絡棋牌室裏切磋牌技，集聚在一個網絡遊戲戰場「華山論劍」。依託網絡平台，娛樂產業的組織模式跨越了時間和空間、地域和領域、年齡和性別，娛樂活動的發起能力、組織能力、模式創新能力、贏利能力顯著增強，產業發展空間得到極大拓展。

三是互聯網讓娛樂產業向着社交化方向發展，讓大眾在娛樂中拓展人際社交關係。個人的娛樂活動只能算是休閒，娛樂是多人共同參與的事情，是互動行為，是群體行為。因為娛樂天然夾帶着社交因子，人們談天說地、切磋觀點、碰撞需求，進而有可能從線上活動向線上線下結合的活動發展。

四是互聯網讓娛樂產業朝着平民化方向發展，讓人人都是「網紅」、明星和「大咖」。藉助互聯網，任何人只要有一技之長或者特色才藝，都可以成為網絡主播，可以成為網絡劇創作者。諸多直播平台的興起不僅上演了一場「全民直播熱潮」，還刺激了娛樂和內容創作的空前繁榮。當然，成為紅人的主播們會因為幽默或者犀利的個人風格受到網友的追捧，也會因為言行不當迅速受到指責。

「互聯網＋娛樂」已經大踏步地向前邁進，隨着互聯網技術的不斷演進，受到大眾生活需求多樣性的激發，其步伐將會

越走越快，前行道路上的風景將會越來越美麗。但網絡從來不是法外之地，對於那些難免出現的不和諧的聲音，如網絡直播帶來的低俗的亂象，監管層已經出手整治。「實名制＋黑名單」制度的落實給那些「肆無忌憚」的網絡平台和主播們上了一道「緊箍咒」，讓直播脫離豔俗和低級，從而在有序的管理下良性發展。

3.4　精神生活的新概念與新方式

互聯網給人們的衣食住行帶來了更多的便利，提高了工作效率，豐富了人們的物質生活。在精神生活層面，互聯網也改變了傳統的內容傳輸形式，用更普惠的傳播手段和更廣泛的覆蓋範圍，讓最優質的資源觸達盡可能多的有需求的人群。

3.4.1　互聯網讓教育均衡普惠

「發展更加公平更有質量的教育。深化教育教學改革。推進城鄉義務教育一體化發展，加快改善鄉村學校辦學條件，加強鄉村教師隊伍建設，抓緊解決城鎮學校『大班額』問題，保障進城務工人員隨遷子女教育，發展『互聯網＋教育』，促進優質資源共享。」2019 年的政府工作報告中，「互聯網＋」再

次成為「熱詞」，「互聯網＋教育」這一概念也被重點提及。科技在進步，時代在變遷。全球都在致力於用互聯網解決教育領域優質資源稀缺、教育資源分配不均衡等問題。我國的教育行業也開始與互聯網不斷融合，在創新中摸索前行。

案例

全球互聯網教育的開啟：從可汗學院到 MOOC 模式

薩爾曼‧可汗從孟加拉國移民到美國，從美國麻省理工學院本科畢業之後又拿到了哈佛大學的碩士學位。遠在家鄉的小姪女經常在互聯網上讓他輔導功課。於是他開始自導自演錄製視頻，10 分鐘的視頻教學就能把老師在課堂上 45 分鐘的內容剖析得簡單又直白，同時，幽默風趣的講解風格深受小朋友的喜愛。小姪女的數學成績大幅提高，觀看可汗視頻的人也越來越多。薩爾曼大受鼓舞，一口氣從小學數學錄到大學的高等數學，整整 4800 個視頻。在不到兩年的時間之內，這些視頻有 4800 萬人看過，點擊量近 5 億。

薩爾曼為幫助小姪女學習數學而創立的可汗學院，如今已經有越來越多的專業課程開發老師加入，覆蓋面廣，包括數學、歷史、金融、物理、化學、生物、天文學等，由

此它成為全球知名的非營利教育網站。它的出現引發了行業的關注，其他公司也加入進來，MOOC 模式開始走紅。

MOOC，全稱為大型開放式網絡課程（Massive Open Online Courses），是在各大網絡平台上由來自世界知名大學的教授開設的種類豐富的課程。MOOC 在最初興起時一度被寄予「挑戰傳統教育模式」的期望。2013 年，香港科技大學、北京大學、清華大學、香港中文大學等相繼提供網絡課程。這意味着，我國高校的課程開始通過網絡傳播到了世界各地。

各大互聯網平台也開始推出獨立品牌的公開課，網易推出了網易雲課堂、網易公開課，騰訊上線了騰訊課堂。2014 年 5 月，網易雲課堂承接教育部國家精品開放課程任務，並與愛課程網合作上線了「中國大學 MOOC」項目。據媒體報道，截至 2018 年 1 月，有關高校和機構自主建成 10 餘個國內慕課平台，460 餘所高校建設的 3200 餘門慕課上線課程平台，高校學生和社會學習者有 5500 萬人次的選學課程，我國慕課數量已位居世界前列。

從根本上來講，這些公開課把全球最頂尖的優質教育資源匯集起來，將互聯網的實時連接、跨越時間和空間等優勢

發揮到極限，以最低成本將最優質資源傳播出去，從一定程度上解決了頂尖資源稀缺性的問題。同時，開發這些課程的通常是大學、非政府組織（Non-Governmental Organizations，NGO）以及大型互聯網公司，絕大部分項目都是免費對公眾開放的，在一定程度上有利於教育資源的均衡分配，因而得到廣泛的認可和推廣。

3.4.2 「一對一模式」帶來的新增長點

除了在互聯網上進行免費的課程傳播，越來越多的公司開始在教育領域深耕。受眾人群的年齡不斷拓寬，互聯網教育的內容方向也朝着更細分、更專業的方向發展。少兒英語、編程、藝術教育、國學教育、體育教育……在互聯網的助力下，在線教育開始全面開花。根據億歐發佈的《2018 中國少兒在線英語教育行業研究報告》，從 2011 年至 2018 年，僅在少兒在線英語教育這個細分市場，就出現了 27 個品牌。

案例

VIPKID 的一對一實驗

VIPKID 是 2013 年創立的中國在線少兒英語教育品

牌，專注於 K12 英語教育這一細分市場。VIPKID 擁有 7 萬餘名北美外教，學員遍佈全球 63 個國家和地區，目前已經有 50 餘萬的付費學員。通過嚴選師資資源、一對一在線學習、結合中國孩子的特點自主研發主修課程教材等三大經營特色，VIPKID 的目標是幫助學員隨時隨地學英語，在與外教的交流中不斷鍛煉理解與表達能力，擺脫「啞巴英語」和「中式英語」的困擾。

這種自由選擇時間、地點的在線學習模式，免除了用戶前往線下機構的路途奔波，可以讓用戶更高效地利用碎片化時間學習。VIPKID 發揮了在線優勢，讓真人在線教授成為上課方式的新選擇，一對一的輔導又讓散落在全球的英語教學資源與學生的需求進行匹配，擴大了供給和需求的市場。這種模式也給新東方、學而思等教輔機構帶來了新的高速增長點。

3.4.3　知識獲取方式的改變

我國大多數網民從接觸互聯網開始，就習慣了獲得免費信息及免費服務的方式。這些年，隨着從信息匱乏到信息過載的飛速過渡，優質信息、優質資源漸漸變得稀缺與珍貴。

　　人們的觀念也在不斷改變，對專業信息的價值認同衍生出知識付費的多樣模式。越來越多的消費者願意為優質內容付出相應費用，以降低自己的時間成本和搜索成本。

　　除了對傳統教育內容與方式的補充和提升，互聯網給大眾帶來的還有終身學習、泛化學習等習慣的改變。從知乎等主打知識分享的網站，到以喜馬拉雅、蜻蜓 FM、得到為代表的音頻內容平台的不斷湧現，全民網絡學習、知識付費的新時代已然到來。

案例

為「黃金屋」埋單的年輕人們

　　在朋友圈堅持 28 天打卡學習就免費贈送英文正版書，花 9.9 元購買一節職場效率提升課，花 39.9 元去現場「膜拜」一下在網絡上互動了大半年的知名答主，花 199 元獲取兒童有聲睡前故事全年大禮包……在提倡免費的互聯網時代，人們對於知識領域的付費格外慷慨。

　　在喜馬拉雅和得到 App 內，通常用不到 100 元就可以買到頂尖行業專家講解專業知識的系列課程。從古典音樂、金融投資到兒童睡前故事，每一個細分領域都有精品

課程不斷開發出來。使用在行 App，100 元以內就可以請到知名院校的植物學專家來組一個小規模的植物園半日遊，邊看邊聽身邊花花草草的逸聞。知乎這樣的知識分享平台也開始開設值乎等欄目，邀請各個領域的「大 V」來普及知識，而這些知識分享的內容可謂應有盡有，有教你為自己做一個保險規劃的，也有教你在職場的不同階段為自己置裝的。

知識付費改變了人們對教育的認知，教育不再只是學校裏傳統的課程，甚至也不再局限於職場中的進階，生活中的點點滴滴、每一種經歷、每一種專長，都可以提煉昇華為可以與人分享的內容。

這樣的泛教育時代催生出了新的學習方式和市場。艾瑞諮詢數據顯示，2017 年我國知識付費產業規模約 49 億元，而 2020 年將增長到 235 億元。同時，由於新的市場不斷被培育，用戶為知識付費也已經成為習慣，在各個領域都有專家不斷投身於知識的提煉與傳播中，在授人以漁的過程中得到自我價值的實現，也有更多受益於此的知識付費用戶在終身學習的過程中成就更好的自我。

年輕人對於學習的熱情不僅體現在花費於專業知識平台

的時間上，更體現在隨時隨地學習的精神中。根據三好網發佈的《「00後」學習新姿勢，「網生代」的 ONLINE 解碼》研究報告，超三成「00後」都安裝了學習類 App，利用互聯網進行在線學習。預計未來幾年，在線教育用戶規模將以 15％左右的速度繼續增長，到 2024 年預計突破 4 億人，總體市場規模將突破 4500 億元。未來，K12 在線教育將成為「新青年」的標配。該報告顯示，2018 年在線教育憑藉自身的優勢為每個學生節省了高達 76％的出行時間，大大節省了時間成本，讓每位學生每天擁有更充足的休息時間和自我發展的時間，同時在線教育也為家庭節省了一筆不小的資金投入。

更有意思的是，互聯網的出現讓學習和休閒的界限變得不那麼涇渭分明。以「二次元」出名的視頻網站 B 站（Bilibili 彈幕網）原本是娛樂休閒的聚集地，如今，在 B 站學習已成新的潮流。B 站數據表明，2018 年有 1827 萬人在 B 站學習，相當於當年高考人數的 2 倍。名為「study with me」的學習直播時長達到 146 萬小時，是目前 B 站時長最長的直播種類。此外，2018 年有 103 萬次的學習類直播在 B 站開播。2019 年 4月 17 日，央視網發表了一篇名為《知道嗎？這屆年輕人愛上 B 站搞學習》的文章，文章稱，B 站正以優質內容吸引更多的年輕群體，與其用戶共同創造了新式社交型學習平台。

　　另外，2019 年 1 月 1 日上線的「學習強國」學習平台也掀起了一股青年學習熱潮。

案例

「學習強國」學習平台掀起青年學習熱潮

　　青年在網絡上搜索「學習強國」、積極參與學習的例子顯得格外鮮活。作為中宣部主管的學習平台，2019 年 1 月 1 日在全國上線的「學習強國」學習平台由電腦端和手機客戶端兩大終端組成，內容廣泛，既包含習近平新時代中國特色社會主義思想和黨的十九大精神，也包含文化、藝術、科學、自然等專題的海量免費學習資源。

　　在平台上，廣大黨員和人民群眾不僅可以了解黨的思想理論、權威的最新資訊，提升理論修養，還能夠學習科學文化知識，以實現自我提升。

　　截至 2019 年 5 月 9 日，「學習強國」iOS 系統移動端在教育榜（免費）的實時排名為第一，應用總榜（免費）的實時排名為第二十六；百度、應用寶、豌豆莢等八大應用市場的公開數據顯示，「學習強國」Android 系統移動端的累計下載量已達 1.94 億。

尾聲

　　互聯網對人民生活的改變滲透到了「毛細血管」，從衣食住行、休閒生活、社交方式再到工作教育，被互聯網改變的生活方式不斷刺激着整個社會效率的提升，消費互聯網所爆發出的巨大生命力也成為加速社會資源流動、拉動消費的有力槓桿。360°虛擬試衣間、熱騰騰的外賣、受背包客歡迎的短租模式、改變出行方式的網約車和共享單車等，新事物的出現往往並不完美，但自我修復、制度跟進和監管的智慧會讓這些不斷出現的新經濟向着更光明的一面發展。

第四章

被互聯網改變的人群

本章導覽

　　我國互聯網的覆蓋範圍不斷擴大，居民入網門檻進一步降低，貧困地區網絡基礎設施「最後一公里」逐步打通，「數字鴻溝」加快彌合。我國的網民規模、互聯網普及率以及網民的上網目的、上網習慣都發生了深刻的變化。

　　「互聯網＋」的快速發展讓普通人有了更多的創新、創業機會。網絡社群的出現讓「雙創」的形式更為靈活，踐行群眾路線的網絡社群創業開展得如火如荼。

　　面對五花八門的網絡信息，一些青少年用戶缺乏甄別能力。如果不加以引導，放任他們沉迷於網絡，或者對其進行粗暴的干預，不僅會影響未成年人的身心健康，也將給整個社會帶來損失。

　　「有錢有閒」的小鎮青年在一定程度上已經成為移動互聯網時代各大公司渴望擁抱的對象。

　　在洶湧而來的互聯網大潮中，銀髮族的互聯網生活發展得有些緩慢。其實，休閒時光更充足的老年人對一些有娛樂和運動功能的 App 的需求，有時比年輕人更強烈、更迫切。

引言

從撥號上網到「互聯網＋」時代的全面到來，從全民學五筆輸入法的熱潮到語音輸入、實時翻譯，曾經的「網蟲」孕育出新一代的「數字原住民」，互聯網進入我國 20 多年，覆蓋的人群越來越廣，網民受到的影響也越來越深。

互聯網對國人的影響不僅體現在互聯網普及率和網民規模上，更體現在那些因為互聯網產生變化的人群及社會關係上。我們從互聯網的學習者、使用者，轉變為利用互聯網不斷創新、建立規則的革新者、創造者。

少年、青年、老年，城市居民、農村居民，不同的人群因為互聯網的出現而重新認識自我，發現更大的世界，找到獨特的身份認知。應當特別注意互聯網對特殊人群的影響和改變。未成年人、老年人、殘疾人等都是不可忽視的力量群體，不應該讓他們在互聯網的快速發展中掉隊。

4.1　互聯網改變圈層關係

互聯網帶來的一個最大改變，就是可以跨越時間和空間，將身處不同地區、擁有不同文化背景的人們聯繫到一

起。這種改變使得「圈層」被賦予了新的含義。在互聯網出現以前，圈層大都因為具備相似的經濟條件、地域特徵、生活形態、藝術品位而產生聯繫。在現實生活中以年齡、性別、地域、職業、學歷等進行分類的人群，其標籤在互聯網的世界中可以被輕易撕下，因為興趣愛好、職業習慣、明確目的而產生的圈層逐漸流行，圈層之間的流動也變得順暢起來。

4.1.1　人群關係：從陌生人到半熟人

　　互聯網誕生之初，人們大多把它當成獲取信息的工具。人們在網絡上獲取信息，在現實生活中交換、分享這些信息。BBS 社區和社交軟件出現後，社交代替信息獲取成為網民更為重要的上網目的。從一對一的溝通到在一個網絡社群或社區中的互動交流，人們的社交對象開始從現實生活中的熟人變為網絡中的陌生人。基於相似的興趣或者共同的目的，這些陌生人又因為經常溝通交流而成為「半熟人」。

　　這些來自天南海北的網友，在網絡上組成了一個又一個的社群。這些網絡社群具備穩定的群體結構和較為一致的群體意識，成員有一致的行為規範、持續的互動關係，成員間分工協作，具有一致行動的能力。網絡社群的出現使得信息傳播的效率更高，但它的本質依然是連接。網絡社群集合了人與人的

連接、資源與資源的連接、信息與信息的連接、商品與顧客的連接，等等。它的出現加速了信息的流動，也讓陌生人之間的交流變得更加高效。QQ、微博、微信等社交工具的出現加速了網絡社群的進化，網絡社群分類的顆粒更加細化，網絡社群場景的內涵更加豐富，網絡社群運營也被越來越多的人所重視。

4.1.2　社群經濟與「奇葩」網絡社群

如今，網絡社群在我們的日常生活中已經非常常見，現在幾乎人手數十個社群。關於工作有專門的工作群，關於生活有小區交流群，關於孩子有學校家長群，還有各種因為興趣或需求產生的運動群、讀書群、影視群、購物群、美食群……

隨着網絡社群的不斷流行，社群營銷也逐漸興起。由於互聯網的聚攏效應，一群有共同興趣、認知、價值觀的用戶聚集在一起互動、交流、協作，產生了蜂群效應，對營銷本身具有反哺的作用。社群經濟的發展也催生了社群營銷的流行。

舉個例子，有廣場的地方就有廣場舞。當這種獨特的社會現象被用心經營，「廣場舞大媽」們就成了網絡社群營銷對象的代表之一。

「廣場舞大媽」們的網絡社群價值

國家體育總局曾公佈過一項數據，據不完全統計，全國經常參加廣場舞健身的人群已經超過 1 億人。不只是數量龐大，在互聯網公司眼中，「廣場舞大媽」們還具備有錢有閒、愛運動、愛健康的特徵。「廣場舞大媽」們往往是家庭的流量擔當，「得『大媽』者得天下」的思路也造就了社群營銷的典範。

正是看到了這個人群的價值，廣場舞 App 如雨後春筍般出現。2015 年，互聯網創業者們希望通過線上社區沉澱廣場舞人群的流量，兩年內有 60 餘個廣場舞 App 上線，其中有數十家拿到了融資。

如何更好地為「廣場舞大媽」們提供服務，做好這部分人群的運營工作？諸多有經營頭腦的創業者開始了實踐。2015 年，某廣場舞鞋品牌創始人林某利用互聯網的「免費」思維，聯繫了 3 萬名廣場舞舞蹈隊的隊長，送出了 3 萬雙舞鞋，通過這些人，利用網絡社群，觸達 100 萬名廣場舞愛好者和 100 萬戶家庭。通過廣場舞愛好者的試穿和社群營銷，該品牌生產的舞鞋產生了口碑效應，銷售變得

簡單直接。據媒體報道，該品牌一個網絡社群的轉化率最少是 50％，一個群一天的銷售額可以達到 10 萬元，總共賣出了 100 餘萬雙廣場舞鞋。

在廣場舞的「江湖」中，隊長就是意見領袖。「廣場舞大媽」對商家的選擇，更多地取決於隊長。正因如此，舞蹈隊隊長成了多家商家平台爭搶的「香餑餑」。商家通常給隊長發送商品優惠券、小風扇、保溫杯甚至現金紅包等小禮物，希望通過打動隊長從而打動其所輻射的人群。廣場舞網絡社群的價值體現在人群足夠精準、組織足夠高效，不過對於精打細算了一輩子的「廣場舞大媽」們來說，要讓她們花錢購買商品，還得用過硬的產品質量和較高的性價比說話。

社群經濟的發展離不開信任關係。建立在產品與粉絲群體之間的情感信任和價值反哺的共同作用，形成了一個自運轉、自循環的範圍經濟系統。產品與消費者之間不再是單純功能上的連接，產品功能之外的諸如口碑、文化、格調、魅力等特徵，通過網絡社群成員之間的推薦、認可、背書，增強了消費者對產品的信任。每一次產品營銷也在考驗着這種情感上的無縫信任，長期穩定的信任關係可促使整個網絡社群的生態朝

着更穩固的方向發展。

在「廣場舞大媽」的網絡社群案例中，企業營銷的重點對象很可能是現實生活中以「隊長」身份出現的群主，或是整個網絡社群中具備號召力的成員。伴隨着網絡社群經濟的不斷發展，即使是在現實生活中幾乎毫無聯繫的人群，也可以基於共同的目的聚集在一起。網絡社群的規模變得更小，成員的流動性變得更大，網絡社群的生命周期發生了變化，營銷方式也變得更靈活，創新性更強。

除了在網絡社群裏營銷實體商品，精神層面的消費也開始變得流行。

案例

「誇誇群」

2019 年 3 月，以「誇誇群」為代表的「奇葩」網絡社群開始走紅。據媒體報道，一位女網友在婦女節收到了男友的一份特殊的節日禮物 —— 這位女網友被拉進了一個「誇誇群」，上百名群友輪流把她「誇上了天」。一時之間，這種以誇人為主題的微信群受到熱議。

在購物平台上搜索「誇誇群」，跳出的信息可不少。

「誇誇群」的誇人時間從 3 分鐘到 10 分鐘不等，收費從十元到幾十元不等。在產品功能介紹上，一位賣家如此宣傳 —— 有文化、不低俗，誇父母、誇情侶、誇老闆、誇同事、誇自己，重拾自信……顧客進入「誇誇群」後，群主會先在群裏介紹被誇的人，然後群成員開始自由發揮來誇人。時間到後，群主將被誇者移出群聊，發紅包「打賞」群成員。

從顧客的角度來看，誇自己、誇孩子、誇情侶、誇朋友等，大都是為了收到正向的評價，緩解壓力。提供「誇人」服務的人除了群主自己，還有兼職人員。在一些「誇誇群」中，群成員之間互不相識，群主接單後在網絡上招募誇人的成員，臨時組成群組，提供服務。由於費用低廉，方式靈活，這種「誇誇群」曾一度走紅。

「誇誇群」流行後，表現形式完全相反的「懟懟群」也開始流行。所謂「懟懟群」，簡單來說，就是結群批評顧客。在購物網站上，「懟懟群」的介紹裏這樣寫道 —— 我們罵醒因失戀而一蹶不振的你、浪費時間的你、不好好學習的你……在一些網絡社群中，群主會要求必須「文明懟」，不能帶髒話，不能有侮辱性的語言。

　　雖然一時之間引發全民熱議，但「誇誇群」和「懟懟群」的實際情況卻是火得快，也涼得快。不到一個月，「誇誇群」和「懟懟群」在引發媒體關注後開始迅速降溫。這種速生速朽的現象說明，社群的偶然火爆可能源於一瞬間的需求或者一個靈光乍現的創意，但想要長遠發展，還得靠「剛需」，或因為興趣驅動，或因為學習訴求，或因為工作需要，甚至是純粹的休閒放鬆。一個社群要想保持健康持續的發展，找到獨特的價值定位是核心。

4.1.3　網絡社群催生創客大軍

　　在 2014 年 9 月的夏季達沃斯論壇上，國務院總理李克強提出，要在 960 萬平方公里的土地上掀起一個「大眾創業」「草根創業」的新浪潮，形成「萬眾創新」「人人創新」的新態勢。

　　隨後幾年，大眾創業、萬眾創新的「雙創」熱潮席捲全國，眾創空間、中關村創業大街、各種創業大賽等成為「雙創」發展中的縮影。

　　「互聯網＋」的快速發展讓普通人有了更多的創新、創業的機會。網絡社群的出現，讓「雙創」的形式更為靈活，創業活動開展得如火如荼，一大批有夢想、有意願、有能力的人開始在更廣闊的平台上施展拳腳。

案例

自律帶來的自由 ── 陪伴式服務的興起

「你想擁有馬甲線，告別大肚腩嗎？每天運動 30 分鐘以上並打卡，群裏會有班主任和助教隨時監督。如果你能按時完成打卡任務，就能以更低的價格購買後續服務或者直接減免當期的部分費用。如果你不能堅持，可以選擇退出，或者交納一定金額的紅包當作對懶惰的懲罰。」隨着當代人對於健康的逐漸關注和不斷追求，這樣的健身打卡群、飲食瘦身群等社群流行起來。嚴格控制熱量的食譜加上每天不少於 30 分鐘的運動打卡，不僅有助於打造健康的身體，還可以挑戰惰性，培養意志力。

這種運動打卡、飲食打卡的創業本質是一種陪伴式服務。除了一次性制定的專業食譜和運動課程表之外，創業者付出更多的是監督、陪伴和鼓勵。人們對健康和美的追求一直都在，但由於工作壓力大，僅憑個人意志難以堅持。網絡社群的作用則是基於共同的目標，巧妙利用群友之間對努力程度的「攀比」心理和一定的物質獎勵，提供陪伴式服務。

案例

打卡背單詞背後的知識付費熱潮

「今天是你堅持打卡的第 7 天，再堅持 14 天，原版書籍在向你招手。」「我已堅持背單詞 135 天，打敗 46％ 的參與者。」幾乎每個人的微信朋友圈裏都有一群英語愛好者。當別人正在朋友圈曬美食、曬娃的時候，他們在背單詞；當別人在朋友圈抱怨堵車、加班時，他們在閱讀英文原版小說。

朋友圈中這群勵志者的打卡行為，正是當下知識付費熱潮的真實寫照。學英語、學習職場課、學編程、學鋼琴，這些讓自己變得更好的樸素願望促使在線教育蓬勃發展。在朋友圈分享成績單和網絡社群打卡的行為，一方面加深了打卡人群的身份認知，讓他們找到一種歸屬感；另一方面，這些分享行為也在向潛在目標人群招手，吸引更多人加入。

從微信朋友圈分享到特定的網絡社群分享，傳播的對象變得更加精準，同時減少了對非目標人群的干擾。這種成本較低的網絡社群推廣模式，在一定程度上刺激了注重內容運營的知識付費的發展。然而，由於知識付費領域本

身存在泡沫，不少人會因為被偶然因素刺激或跟風心理作祟，衝動消費。隨着時間的推移，這些人也在學習的過程中逐漸分層，最終沉澱下那批較為理性、真正具有剛需的用戶。

自製辣醬的走紅和拼多多的出現

網絡社群經濟的另一個代表 —— 小區業主群自發地出現了各種商業行為。「我們的小區業主群簡直就是個寶藏。」賣辣醬的，團購蘋果、大蔥的，出售二手傢俱以及閒置母嬰用品的，不少精明的業主看到了小區網絡社群的商機，做起了專職的網絡社群生意。

業主群裏東西之所以好賣，一是因為小區業主都是半熟人的關係，二是因為地理位置處於同一個小區，物流成本降到了最低。這兩大特點也催生了一批社區創客，諸如會做幾道拿手菜的退休阿姨、老家有蘋果樹的都市白領、全職帶娃的二胎媽媽等，很多人都可以輕鬆地找到目標客戶群。

但在實際運營中，生產能力和口碑顯得尤為關鍵。產

品質量不好，不僅會影響未來的生意，還容易傷了鄰里和氣。而那些受到歡迎的自製「爆款」，雖是薄利多銷，但依然難以產生規模效應。受制於上游的供應鏈規模，一些創客最終還是選擇了「自製＋推薦」的模式，憑藉自身在網絡社群裏的口碑效應推薦商品，賺取差價或銷售提成。

以拼多多為代表的社交電商正是利用拼單模式進入市場。拼多多最開始是在各種小區群中推廣。電風扇、旅行箱，拉好友幫忙砍價，只要人數夠多，這些商品最終可以免費獲取。2人就能成團及全國包郵的拼單模式讓「拼購」變得門檻更低、更省心。拼多多出現後，小區中原本零散的農產品銷售雖然受到了一定衝擊，但平台的出現也讓農民和小商品經營者的銷售渠道得以擴大。不過，售假風波也讓這種模式備受爭議。

網絡社群的產生對於「雙創」的發展有着積極的意義。無論是大眾創業，還是萬眾創新，作為推動我國經濟結構調整、創新發展的新引擎和新動力，都離不了一個「眾」字。對於我國這樣一個龐大的經濟體而言，如果只有少數市場主體在發揮作用，顯然難以滿足全國市場的需要。

網絡社群這種較小的社會關係單位中湧現出了不同規模

的創客，但在其發展過程中，會因為規模限制和自身的封閉性、局限性產生問題。此外，假冒偽劣、被誇大宣傳的產品也會破壞整個網絡社群的生態。

為了保護用戶體驗，隨着微信的發展而崛起的微商開始被列為監管對象。微信開始限制使用微信外掛、非客戶端模擬器的賬號登錄，以打擊虛假微商。2019 年 1 月 1 日，《中華人民共和國電子商務法》正式實施，根據規定，電子商務經營者應依法辦理市場主體登記。換句話說，無論代購、微商還是電商，都需要營業執照。

網絡社群既可以在最大範圍內推動人、財、物等各種市場要素自由流動，也可以倒逼不合理的體制機制實現改革突破，最終提升整個經濟的運行效率。從這個層面看，它的出現對於整個互聯網的人群具有積極的意義。

4.2　不容忽視的力量

隨着人口紅利的下降，互聯網的「主力群體」—— 中青年用戶已經表現出數量增長乏力的趨勢，青少年群體和 50 歲以上的網民規模在不斷擴大，但依然存在大量非網民。根據 CNNIC 第 43 次《中國互聯網絡發展狀況統計報告》，截至

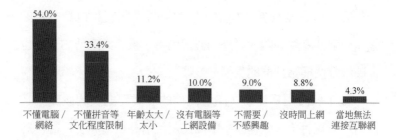

圖 4-1　非網民不上網原因分析
（來源：CNNIC 第 43 次《中國互聯網絡發展狀況統計報告》，2019 年 2 月）

2018 年 12 月，我國非網民規模為 5.62 億，其中城鎮地區非網民佔比為 36.8%，農村地區非網民佔比為 63.2%。使用技能的缺乏和文化程度的限制是非網民不上網的主要原因，見圖 4-1。

　　提升上網技能、降低網絡使用費或提供相關設備、滿足日常需求，是促使非網民上網的幾大因素。40% 左右的非網民因能賣出農產品等幫助增加收入和方便獲取醫療健康信息等專業信息而上網，16.4% 的非網民因互聯網方便購物而願意上網，見圖 4-2。

　　隨着互聯網普及率的進一步提高，這些還在被忽視的力量將產生巨大的價值，網民中的特殊群體——未成年人、老年人和農村居民，他們會有更好的上網體驗，享受更為便利的服務。互聯網的普及成為解鎖這部分人群需求的「金鑰匙」。

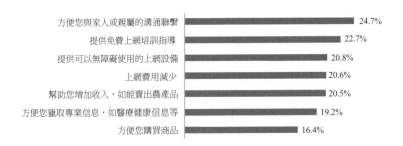

圖 4-2　非網民上網促使因素分析
（來源：CNNIC 第 43 次《中國互聯網絡發展狀況統計報告》，2019 年 2 月）

4.2.1　青少年模式開啟：未成年網民的喜樂與哀愁

　　未成年人群是祖國的未來和希望，作為與互聯網共同成長的「數字原住民」，這部分人群對於互聯網有着天然的親近。但由於年齡小、自控力弱，該人群的數字素養有待提升。面對五花八門的網絡信息，一些青少年用戶缺乏甄別能力，如果不加引導，放任其沉迷於網絡，或者對其進行粗暴的干預，不僅會影響他們的身心健康，也會給整個社會帶來損失。

　　2018 年 6 月，世界衛生組織在第 11 版《國際疾病分類》中加入遊戲成癮（gaming disorder）並將其列為精神疾病。《人民日報》「人民時評」欄目發表評論稱，「防止青少年沉迷網絡，不僅是一個公共衛生課題，也是一項社會治理挑戰」。

　　除了遊戲，短視頻也成為青少年群體「殺時間」的利器。共青團中央維護青少年權益部聯合 CNNIC 發佈的《2018 年全國未成年人互聯網使用情況研究報告》顯示，截至 2018 年 7 月 31 日，我國未成年網民規模為 1.69 億，未成年人的互聯網普及率達到 93.7％，他們的互聯網活動中，網上學習、聽音樂、玩遊戲、聊天、看短視頻是排在前五的互聯網活動。87.4％的未成年網民會利用互聯網學習，而未成年網民看短視頻、視頻的比例分別為 40.5％、38.5％，見圖 4-3。

　　面對產業的需求和用戶的迷茫，政府指導力量不能缺席。為切實加強青少年網絡文化建設，不斷滿足青少年的網絡文化需求，服務青少年的健康成長，共青團中央自 2007 年起在全團開始實施青少年網絡建設工程。中宣部等部委於 2017 年底印發《關於嚴格規範網絡遊戲市場管理的意見》，對網絡遊戲違法違規行為和不良內容進行集中整治。教育部等八部門於 2018 年聯合印發《綜合防控兒童青少年近視實施方案》，要求「控制電子產品使用」「實施網絡遊戲總量調控」。解決青少年網絡成癮這個難題，單靠管理部門的努力遠遠不夠。對於企業來說，追求利益無可厚非，但漠視責任終究會受到法律嚴懲。

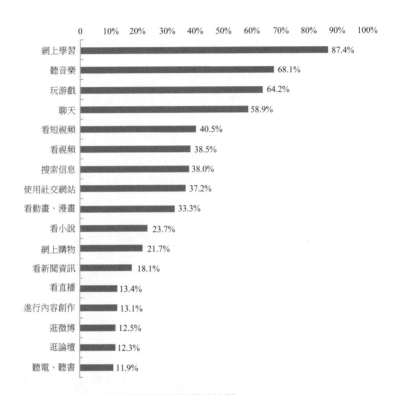

圖 4-3　未成年網民上網從事各類活動的比例
（來源：CNNIC《2018 年全國未成年人互聯網使用情況研究報告》，2018 年 7 月）

　　隨着《關於嚴格規範網絡遊戲市場管理的意見》的發佈，違規遊戲內容的清理整頓工作得到推動、落實，健康、規範的行業環境逐漸形成。大型遊戲廠商開始嘗試多種技術手段，以預防網絡遊戲對未成年人用戶可能造成的不良影響。各類遊戲

防沉迷系統、人臉識別軟件、強制公安實名驗證、未成年人遊戲消費提醒等技術手段可對未成年人用戶的遊戲時長和付費行為進行管理。例如，騰訊公司採用了限制未成年人遊戲時間、嚴格控制未成年人遊戲類型等手段。針對 2019 年 5 月 8 日正式上線的某款手機遊戲，騰訊宣佈開始「16+」的試點運行，即根據健康系統的公安實名校驗結果，僅允許年滿 16 周歲的玩家登錄遊戲。

2019 年 5 月 28 日，國家網信辦統籌指導西瓜視頻、全民小視頻等 14 家短視頻平台，以及騰訊視頻、愛奇藝等 4 家網絡視頻平台，統一上線了青少年防沉迷系統。加上此前試點的抖音、快手、火山小視頻平台，內地已有 21 家主要網絡視頻平台上線了青少年防沉迷系統。

重拳整治網絡空間秩序，規範青少年網絡使用，體現了管理部門的決心。企業不貪圖短期利益，採取防沉迷措施，是落實社會責任的舉措。另一方面，預防青少年沉迷網絡，家庭和學校的教育及引導不能缺失。強制命令、一味禁止容易激發逆反心理，引導孩子健康上網、正確用網，加強與孩子的溝通和陪伴，多方發力、齊抓共管，方能讓青少年遠離網絡沉迷。

4.2.2　崛起的力量：小鎮青年的嚮往

不同於大都市人面臨緊張的工作壓力和快節奏的生活，三四線及以下城鎮人群的互聯網生活呈現出了不同的特徵。2018 年，拍拍貸和《南方周末》聯合發佈了《相信不起眼的改變：2018 中國小鎮青年發展現狀白皮書》（以下簡稱白皮書）。「小鎮青年」這個詞開始出現在主流媒體的視線中。

白皮書定義，小鎮青年是指出身於三四線及以下的縣城、鄉鎮，在老家生活工作或前往大城市及省會周邊城市打拼的青年。也是在這一年，以快手、拼多多、趣頭條等為代表的移動應用表現出了對於三四線及以下城鎮的強覆蓋，小鎮青年人群的互聯網生活也開始受到關注。

隨着改革開放的發展，我國小鎮青年的家園較早地完成了城鎮化的現代歷程，當農村孩子還在忙農活兒時，小鎮青年已經過上了「逍遙」的生活。白皮書顯示，小鎮青年不是最能賺錢的，卻是很敢花錢的。45.4%的小鎮青年月收入為 5000～9999 元，近一半都花在了吃喝上面，在可承受的範圍內，總體上有八成小鎮青年會考慮提前消費，見圖 4-4。

不是最能賺的，但是很敢花的

⊙ **45.4% 小鎮青年月收入水平為 5000～9999 元，賺的不多，但是很敢花**，在可承受的範圍內，有八成的小鎮青年會考慮提前消費。

小鎮青年個人月均收入水平		有過哪些提前消費的經歷	
0～4999 元	28.1%	信用卡消費	62.4%
5000～9999 元	45.4%	互聯網信用消費，如花唄	61.9%
10 000～14 999 元	15.3%	銀行貸款	20.3%
15 000～19 999 元	4.9%	向他人借錢	20.3%
20 000～24 999 元	2%	向互聯網借貸平台借，如螞蟻借唄、拍拍貸	22.8%
25 000～29 999 元	1.7%	沒有提前消費經歷	8.5%
30 000 元及以上	2%		
無固定收入	0.6%		

圖 4-4　我國小鎮青年的消費情況

（來源：拍拍貸和《南方周末》發佈的《相信不起眼的改變：2018 中國小鎮青年發展現狀白皮書》）

除了吃喝，小鎮青年對短視頻、手遊和網絡 K 歌等休閒類互聯網應用也表現出了熱愛。這部分人群的市場也因此成為各大互聯網企業爭相競逐的藍海。

2019 年 5 月，快手大數據研究院聯合《中國青年報》等機構，通過挖掘和分析快手平台上 2.3 億小鎮青年的生活、學習、職業、消費、興趣等維度的數據，推出了《2019 小鎮青

年報告》（以下簡稱報告）。這是快手首次對小鎮青年用戶群體進行剖析，並將小鎮青年這個概念具象化地呈現在人們眼前。數據顯示，2018 年，小鎮青年在快手上發佈了超過 28 億條短視頻，視頻播放量超過 26 000 億次，獲讚數超過 800 億條，獲得了 180 多億條評論。

報告中的一些數據改變了人們對於小鎮青年的刻板印象。報告稱，小鎮青年愛學習。技能、科普、美食製作、樂器等學習型視頻的觀看佔比，小鎮青年是城市青年的 8 倍。

一線城市青年的自主學習主要是出於對生存的焦慮，但小鎮青年更多是為了興趣。相比深受城市青年追捧的《薛兆豐的經濟學課》，「30 秒教你學會做蛋撻」和「養豬育種經驗」等短視頻對於小鎮青年更有吸引力。根據興趣去學習和創業、改變自身經濟狀況成了小鎮青年的一大特徵。與一二線城市的高科技創業不同，小鎮青年的創業比較務實。報告稱，小鎮青年的創業方向主要集中在飲食類、演藝類及養殖類。蛋糕、零食、養蜂、辣條等創業關鍵詞的背後是周期短、現金流強的創業領域，根據快手公佈的數據，2018 年，超過 1600 萬人在快手平台獲得收入，其中約 340 萬人來自國家級貧困縣。

小鎮青年的崛起，離不開我國城鎮化建設的推進和互聯

網整體覆蓋率的提升。移動互聯網資費的降低、網速的提升和智能手機的普及，讓小鎮青年擁有了不輸於一二線城市的上網環境。跟一二線城市的年輕人與白領階層相比，小鎮青年大多不必面對房貸壓力，工作壓力相對較小，擁有更多可自由支配的資產以及時間，具有創業的天然條件。隨着移動互聯網的普及，「有錢有閒」的小鎮青年在一定程度上已經成為互聯網公司更加渴望擁抱的對象。

4.2.3　銀裏藏金：銀髮族的觸網新體驗

手指滑動屏幕，智能手機上五顏六色的 App 不停滾動，只要輕輕一點，另一個繽紛世界就躍然眼前。在這樣洶湧而來的互聯網大潮中，銀髮族的互聯網生活卻進展得有些緩慢。手機打車、移動支付、發文字、玩微視頻，銀髮族似乎都是動作最慢的一群人。其實，休閒時光充足的老年人對一些有娛樂和運動功能的 App 的需求，有時比年輕人更強烈、更迫切。更好地服務於這個群體具有現實意義。

根據 CNNIC 發佈的第 43 次《中國互聯網絡發展狀況統計報告》，50 歲以上的網民比例由 2017 年的 10.5％提升至 2018 年的 12.5％。「銀髮經濟」的風已經刮了好幾年，中老年人群的互聯網生活究竟有了哪些變化？

　　了解銀髮族的互聯網生活，可以從這一群體使用的互聯網應用開始。2018 年，中國社會科學院社會學研究所與騰訊社會研究中心等聯合發佈了《中老年人互聯網生活研究報告》（以下簡稱報告），報告以 50 歲及以上人群為研究對象，通過數據分析和典型現象刻畫了中老年人的互聯網生活。

　　報告稱，中老年人對互聯網的應用集中於溝通交流和信息獲取方面。絕大多數（98.5％）中老年人都會用微信聊天，超過八成會在微信裏發表情包或圖片、點讚、接收或發紅包，近七成會拍攝和轉發小視頻。而對於生活應用，中老年人使用網絡的比例相對較低，四成中老年人會在網上繳納手機費，三成左右的中老年人會在網上購物、用手機導航，1/4 左右的中老年人會用打車軟件或在網上繳納水、電、氣等生活費用，而會網上掛號、訂火車票機票、訂賓館等的中老年人所佔比例則較低。

　　關心銀髮族應從網絡安全着眼。報告稱，中等收入及以上、有經濟自主性的中老年人在互聯網上的受騙比例較高。如果將受騙廣泛定義為詐取錢財、欺騙感情、傳播謠言、虛假宣傳等，那麼在互聯網上當受騙過（或者疑似上當受騙過）的中老年人比例高達 67.3％。欺騙中老年人的主要渠道是朋友圈（69.1％）、微信群（58.5％）以及微信好友（45.6％）。欺騙中

老年人的信息類型主要是免費領紅包（60.3％）、贈送手機流量（52.3％）和優惠打折團購商品（48.6％）。值得注意的是，中老年人發覺受騙之後尋求幫助的比例較低。有 68.3％的中老年人表示「不尋求幫助，就當作教訓」，67.2％選擇「告訴家人朋友以防再次受騙」，只有 25.9％和 17.9％的中老年人會選擇向子女和朋友求助，而表示會選擇報警求助的僅有 0.6％。由此可見，中老年人維護自身權益的意識還需要強化。

網購、騎共享單車、玩直播，打造針對中老年人的智能產品，跨越中老年人數字生活的鴻溝，這是互聯網更文明的體現。充分享受互聯網生活的中老年人有的還因為「會玩」成了「明星」。

案例

金香奶奶的「網紅」生活

60 多歲的王金香是全民 K 歌的網紅主播，每周直播兩次，每次直播 3 小時。「出道」3 年來，家住北京朝陽區的金香奶奶通過上傳自己演唱的歌曲、直播互動等方式，錄製了上千首歌，在全民 K 歌上收穫了足足 22 萬粉絲，成了具有豐富精神生活的老年人的代表。

連麥、自拍杆、直播架、化妝品……為了直播和作品能不斷進步、帶給粉絲新鮮感，王金香經常在直播時加入一些亮點，比如精心搭配的服裝、編排過的手勢動作和配合演出的道具等。

其實，王金香最初玩直播並不順利，話筒怎麼用、怎麼錄歌、如何在直播中和大家互動，對她來說都是新鮮事。她就在直播上和網友們商量，一邊直播一邊學習。久而久之，粉絲變成了朋友，王金香也從「金香奶奶」變成了「香姨」和「香媽」。

「厲害了我的姨，唱得太好聽了！」「老年人就應該像您這樣，想唱就唱，活出自我！」在王金香的每首作品下都有粉絲的熱情留言。王金香表示，她想把自己老年生活的快樂帶給大家，讓粉絲們覺得自己老了也會像她一樣快樂。

案例

年薪 40 萬元招聘中老年產品體驗師

2018 年初，阿里巴巴發佈社會招聘公告，以 35 萬到 40 萬元的年薪，招聘 2 名淘寶產品體驗師。該招聘要求應

聘者的年齡在 60 歲以上，廣場舞達人、社區居委會成員優先。此次招聘的產品體驗師將供職於「親情版淘寶」用戶體驗團隊。

　　招聘公告發出後，迅速引發了熱議。該消息發佈僅 1 天，阿里巴巴就收到了 1200 餘份簡歷，年齡最大的應聘者 83 歲。據阿里巴巴統計，應聘男女比例約為 3：7，求職者多居住在江浙滬地區，大專、本科學歷的佔一半，有博士、碩士，甚至還有用雙語進行申請的。

　　2018 年 1 月 29 日，阿里巴巴邀請 10 位應聘的老人開了一場線下溝通會。「我 2005 年註冊淘寶，現在芝麻信用分 797 分」「我 2006 年註冊淘寶，特別喜歡小米的產品，至今搶購小米手機 36 台」……老人們別開生面的自我介紹生動地展現了他們的互聯網生活。

　　2018 年 5 月 21 日，浙江理工大學的退休副教授、64 歲的劉豔萍，從 3000 多名中老年應聘者中脫穎而出，擔任阿里巴巴老年大學的開幕講師，幫助 150 位同齡「學生」開啟網購之旅。據媒體報道，自 2010 年從講台退休後，劉豔萍就把精力投入唱歌跳舞中，成了當地社區廣場舞 KOL（關鍵意見領袖），還創立了自己的藝術工作室，相關報道見圖 4-5。

之所以重金聘用中老年產品體驗師，是因為阿里巴巴看到了我國老齡人口的消費實力。阿里巴巴 2018 年的數據顯示，僅淘寶平台就有近 3000 萬銀髮族消費者，其中，50～59 歲的臨退休人群佔比高達 75％。2017 年我國

圖 4-5　媒體關於劉艷萍的報導
（來源：浙江日報官方微博）

50 歲以上人群的人均消費近 5000 元，人均購買商品數達到 44 件。為這部分人群做好服務不僅能夠獲得經濟效益，而且能充分體現互聯網的普惠特點。

尾聲

網民規模世界第一、網絡零售居全球首位、數字經濟規模全球第二……了解我國互聯網的人群特徵，有助於剖析網絡大國快速發展的祕密。

　　互聯網人群整體規模不斷壯大，觸網體驗門檻越來越低，互聯網的發展給國人的生活帶來了真切的變化。移動互聯網興起後，個體、家庭、網絡社群在互聯網的作用下發生了多樣的變化。素不相識的人可以因為共同的目標一起努力，活躍在網絡上的創客大軍也憑藉勤奮和汗水有了收穫。

　　曾經被忽視的小鎮青年和銀髮族的互聯網生活開始有人在意，伴隨數字時代成長的未成年人的上網健康有人關心，老年人的互聯網生活有人指導。從家庭出發，用市場的手段運營，從監管層的角度給予指導，在互聯網發展進步的過程中，人人都不應缺席，維護好共同生存的網絡空間，人人都有責任。

　　未成年人網絡保護機制的建立和針對老年人展開的精準互聯網科普工作已經表達了監管層清晰的態度：尊重、服務不同人群，出台相關政策，提供專業幫助，讓那些需要被關注的人群更好地獲取互聯網的紅利，讓國民能夠更便利、更健康地享受互聯網生活，這是網絡強國對所有互聯網人群的莊嚴承諾。

第五章

互聯網提升公共服務效率

本章導覽

互聯網特別是移動互聯網的發展，正推動公共服務發生深刻變化。「互聯網＋公共服務」帶來的不僅僅是效率的提升，還有理念意識的改變。

在人力資源和社會保障（人社）服務領域，政府提出變「群眾跑腿」為「信息跑路」，不斷推動相關服務的互聯網化、數字化進程，以實現高效的政民互動。

在醫療健康領域，互聯網帶來的新技術和商業模式不斷滲入醫療的各個細分領域，讓患者、醫生、醫院三方關係得以有效處理，產業鏈價值得到重新分配。

在公共出行領域，一些地方依託大數據、人工智能等技術，動態分析居民的出行需求分佈，進行線路規劃、班次調整等，帶動公交管理模式走向精細化，提高了出行效率，為居民帶來了更好的出行體驗。

在公共安全領域，互聯網及相關技術正為提升人民群眾的安全感保駕護航。

引言

用一個小程序囊括一個省的政務服務，用一部手機輕鬆完成從掛號到報銷的流程，交通更智慧，公共出行更便捷，大數據、人臉識別、區塊鏈等技術提升了城市公共安全水平，人民群眾越來越有獲得感、安全感、幸福感⋯⋯藉助雲計算、大數據、移動互聯網和物聯網，政府公共服務的主動供給能力不斷提高，為公眾提供了流程更簡、效率更高、體驗更好的公共服務。

變「群眾跑腿」為「信息跑路」，「互聯網＋公共服務」帶來的便利離不開各項數字化技術的不斷進步。數字化技術已經成為推動公共治理和公共服務創新的重要動力。在線化、雲端化、移動化、數據活化、智能化、O2O 化和自服務化 7 個目標，為更智慧的公共服務指明了方向。一體化的在線服務大廳，雲端化的集約式規劃，移動化的多屏互動入口，大數據的分析運用以及讓用戶真正參與的流程⋯⋯多種信息化手段的綜合運用讓公共服務的效率得以提升。

回顧我國政府職能轉變的總體進程，互聯網對於公共服務效率的提升作用不言而喻，但比效率更重要的是理念意識的不斷改變。從「划槳」到「掌舵」再到「服務」，「互聯網＋」

思維不斷推動着政府職能的轉變，特別是在公共服務領域，不斷湧現出新的價值範疇和實踐邏輯。

明確了思維方式，還需要自上而下的維新、挑戰沉痾的勇氣和持續落地的務實。2016 年的政府工作報告首次提出要大力推行「互聯網＋政務服務」，並為其指出明確的方向——「實現部門間數據共享，讓居民和企業少跑腿、好辦事、不添堵。簡除煩苛，禁察非法，使人民群眾有更平等的機會和更大的創造空間」。隨後的 2017 年和 2018 年，國務院總理李克強連續兩年在政府工作報告中對「互聯網＋政務服務」做出了進一步部署，要求進一步推進政務服務「一網通辦」，讓群眾辦事「只進一扇門」「最多跑一次」。

「少跑腿、好辦事、不添堵」，簡簡單單的 9 個字，不僅強調了公共服務的高效率，更體現出公共服務的溫度。互聯網和數字技術只是手段，讓人民有獲得感才是根本。由「政府端菜」到「群眾點餐」，我國政府公共服務模式的轉變也是增強人民群眾獲得感的一次實踐，實踐的結果已經體現出政府的決心和勇氣。如何持續地把人民擺在「C 位（中心位置）」，提供更高效的服務和更有溫度的管理，進一步考驗着政府的大智慧，「數字政府」的建設仍需要加速推進。

　　「數字政府」的建設不是簡單的政府信息化工程，而是政府運行和信息化的深度融合，是一項全方位、系統性、面向未來的政府改革工程。應當緊緊抓住當前黨和國家機構改革的歷史性機遇，加快理順數字政府建設體制機制，以新思維統籌規劃數字政府的推進路線，加快數字政府的推進步伐，更好地建設人民滿意的法治政府、創新政府、廉潔政府和服務型政府。

5.1　數字化人社服務：變「群眾跑腿」為「信息跑路」

　　民生問題是當今我國社會所面臨的重要課題，讓人們過上幸福美好的生活是發展的重要目標。人力資源和社會保障部（以下簡稱人社部）統籌機關、企事業單位的人員管理、城鄉就業和社會保障，以上所有的工作都圍繞「人」展開，涉及就業、社會保障、勞動關係、工資分配、人事服務，這些都與人民群眾的自身利益密切相關，關乎民生。

　　早在 2002 年，我國便啟動了「金保工程」[1]，邁出了人社

1　金保工程是指利用先進的信息技術，以集中管理的數據中心為基礎，以覆蓋全國、聯通城鄉的信息網絡為依託，支持人力資源社會保障業務經辦、公共服務、基金監管和宏觀決策等核心應用，安全、高效、全國統一的人力資源和社會保障電子政務工程。

信息化的第一步。隨後，伴隨着互聯網新一代信息技術的發展，多個政府部門主動適應新形勢。人社部於 2016 年印發了《「互聯網＋人社」2020 行動計劃》，其中提出，按照試點示範、逐步推廣的模式分階段推進「互聯網＋人社」建設；同年，國辦發 23 號文[1] 要求，2017 年，基本公共服務事項 80％以上可在網上辦理。該方案針對公眾辦事經常遇到的「辦證多、辦事難」「奇葩證明、循環證明」「冤枉路、跑斷腿」等問題，部署「一號一窗一網」的解決措施。至此，人社的互聯網化、數字化進入了新階段。

移動互聯網的發展使手機成為大眾獲取信息和服務的重要工具，在人社方面，手機有效提高了各種人社服務的用戶觸達效率。以微信為例，截至 2018 年 8 月，全國各級政府部門開通了 50 餘萬個政務微信公眾號，為用戶提供在線政務服務。用戶可直接在線進行社保查詢、醫保支付、水電費繳納、交通違法罰款繳納、高考分數查詢等，有效解決了傳統人社模式中，依靠行政服務中心，要求群眾線下跑腿、排隊、結算，流程冗長煩瑣的痛點。

---

1 《國務院辦公廳關於轉發國家發展改革委等部門推進「互聯網＋政務服務」開展信息惠民試點實施方案的通知》（國辦發〔2016〕23 號）。

電子身份證：隨身的證明

據《廣州日報》報道，陳先生在辦理出境旅遊簽證時，需要提供一位緊急聯絡人。陳先生想到了自己的母親，但有關部門要求他提供關係證明，來證明「你媽是你媽」。在國務院常務會議上，李克強總理對此事給予嚴厲批評，他指出，讓群眾證明「你媽是你媽」簡直是天大的笑話，他要求各級政府簡政放權、取消非行政許可審批類別，真正讓老百姓辦事容易、辦事簡單。

證明「你媽是你媽」案例出現的一大原因在於，當時，公民戶籍、教育、就業、生育、醫療、婚姻等基本信息處於分散、「割據」的碎片化狀態，部門間、地區間不能很好地實現數據互通共享，這從側面反映出我國政府系統信息化程度的不足。

2018 年 4 月 17 日，由公安部第一研究所可信身份認證平台認證的「居民身份證網上功能憑證」首次亮相支付寶，有效解決了這一問題。此前，想要認證各種關係，需要到戶籍所在派出所甚至居委會，帶着戶口本、身份證開具證明，十分麻煩。現在，通過支付寶電子身份證，就可以直

接在 e 政務終端機上開具親屬關係證明。

　　電子身份證還有很多功能，不僅可以進行關係證明，還涵蓋了社保自助服務、居住證自助服務、交通違法處理、公安證明等多個使用場景。電子身份證不僅在功能上實用便捷，而且在使用上具備極高的安全性。傳統的身份證丟失後，很容易被不法分子冒用，風險很大。而電子身份證在使用時，需要指紋和刷臉雙重認證。目前人臉識別技術的準確率達到 99.99％，很難以假亂真，指紋更是難以被盜用，極大地降低了使用風險。

　　除了電子身份證，截至 2019 年 4 月，支付寶已推出 56 種證件的電子版，包括社保卡、駕照、結婚證等，都可以存在手機裏，全國 200 餘個城市已開始試點電子證件的使用，真正實現了證件從輕和流程從簡，便捷省時。

案例

北京通 App：暢享一站式城市人社服務

　　北京通 App 是由政府主導建設，以「互聯網＋政務服務」為宗旨打造的一體化在線政務服務平台。它以實名認證為基礎，匯聚個人電子卡證、政務服務、便民服務、

資訊服務、區級服務、定製服務等功能（其服務功能見表
5-1），讓信息為民眾跑腿辦事，實現高效的政民互動。

表 5-1　北京通 App 服務功能一覽

服務類型	具體功能
政務服務	政務大廳、公積金查詢、社保查詢、北京 12345、積分落戶、信用北京、開放北京、北京稅務、婚姻登記、北京殘聯、民政一卡通、法人一證通、公開地圖、養老助殘卡、社保認證、公路造價
便民服務	預約掛號、小客車搖號、全景遊北京、旅遊一卡通、郵政速遞、法律服務、陽光餐飲、隨手拍、西站地區導航、公交一卡通、掃碼挪車、助殘地圖、網絡 E 通車、億通行、北京高考、北京中考、駕照翻譯件、健康生活、孝心體檢、清霾行動、北京鐵路、路側停車
資訊服務	共有產權房、居住證辦理、中小學入學、減稅政策、出境遊辦證、博物館查詢、北京電影節、北京車展、GMIC、創業創新、副中心建設、深化新醫改、3·15 資訊、專利申請指南、劇本超市
區級服務	東城社區、門城美景
定製服務	政務大廳、公積金查詢、社保查詢、小客車搖號、積分落戶、養老助殘卡、預約掛號

　　據不完全統計，北京市民平均每人手中有 5 張卡，最
多者超過 20 張卡。以前，很多市民辦理業務時，經常忘記
帶卡。各種卡片之間存在一道沒有打通的「圍牆」，互不認
可。這導致很多人即使到了辦事地點，由於證件不齊，只

能再擇期辦理，很不方便。因此，多卡合一、整合卡片功能成為市民的普遍訴求，而北京通 App 憑藉一張「虛擬卡」就解決了這一難題。北京通 App 的模式是，用 App 註冊一張「虛擬卡」，身份證、社保卡、北京市居住證、駕照等的信息均可以被關聯到虛擬卡上。

北京通 App 全方位地實現了人與政府互通、政府部門之間互通、人與卡互通、人與服務互通以及實名制，解決了信息孤島問題，真正便民利民。數據顯示，截至 2018 年 7 月，北京通 App 已有 34 萬用戶，下載量超過 200 萬，可謂北京市民手機中的必備神器。

「讓信息多跑路，讓群眾少跑腿」，這其中一多一少的變化事關民生工程，煩瑣的人社事項通過「一張網」變得高效清晰。「臉難看，門難進，事難辦」的抱怨越來越少，理解度和滿意率越來越高。

更令人欣喜的是，在統一的思想下，各地的「互聯網＋人社」依託自身地區的特點，走出了獨特的道路。比如，上文介紹的深入踐行「互聯網＋政務服務」的「北京通」惠民工程利用一張虛擬卡打通各個關節，在平台中對市民身份進行認證後，便可以將其數據進行關聯共享，進而優化服務。再

如，不斷刷新服務速度的浙江「互聯網＋政務服務」，從過去的「四張清單一張網」變為現在的「最多跑一次」。又如，將分佈在各業務部門的個人民生服務集約整合到一個平台上的「粵省事」小程序，幫助廣東省打通了政務服務的「最後一公里」。

隨着「互聯網＋」觸角的不斷延伸，安徽、河南等地的政府部門也加入了「互聯網＋政務服務」的行列，這一新型的服務模式已在全國遍地開花。

5.2　「互聯網＋醫療健康」：既加大油門又備好剎車

我國始終存在看病難的問題，其根源在於醫療服務供給與病人需求的矛盾。隨着經濟的增長和人們健康意識的增強，人們對醫療服務的需求不斷增加，這進一步加劇了醫療服務的供需矛盾。三級醫院人滿為患，排隊等候時間長，就醫體驗很差；與此同時，優質醫療資源也存在使用效率低下和浪費的問題。

「互聯網＋醫療健康」的出現優化了醫療資源配置，緩解了看病就醫的難題，一定程度上解決了醫療資源與醫療衛生需求之間的矛盾。從 2015 年 1 月到 2018 年 4 月，我國推出了一

系列與「互聯網＋醫療健康」相關的法律法規，引導整個醫療服務行業進行深度改革，促使行業向更加規範的方向發展。

　　互聯網帶來的新技術和商業模式滲入醫療行業的各個細分領域，使患者、醫生、醫院三方關係得到有效處理，產業鏈價值得到重新分配。

　　對患者而言，很多基礎性健康問題均可通過在線問診功能與醫生進行交流，也可參與醫生組織的在線課堂進行健康管理，從而省去小病也需跑醫院的麻煩。從預約掛號、導診候診到最後的報告查詢，各個環節也均可在網上完成，不必線下一一辦理，有效節省了時間，提高了整體看病就醫的效率。對醫生而言，可以通過各類醫療 App 提供在線諮詢服務，還可以藉助互聯網醫療工具學習專業知識，在提高工作效率的同時，還增強了業務能力。而對醫院而言，互聯網技術促進了醫院系統的信息化建設，提高了運行效率，同時能擴大服務範圍，增強品牌影響力。

案例

「微信智慧醫院 3.0」打通醫療全流程

　　2018 年，內地社交用戶量最大的應用平台 —— 微信的

日活用戶已經超過 10 億，超過 50％ 的用戶每天使用微信的時長超過 90 分鐘。2013 年，微信提出了智慧醫院的概念，針對就醫流程中的痛點，主動開放其核心能力，為社會提供連接醫療機構和患者、醫生和患者的創新服務。

微信對醫療的改變主要體現在連接和支付模式的打通上。首先在連接方面，微信通過整合人社、醫院信息系統、藥企、保險等方面的資源，各方共同聯動，大幅提高了醫院、醫生、患者，甚至醫療設備之間的連接效率。此前，一個病患，從掛號預約到醫療問診、費用支付等，都需要親自到醫院辦理，時間成本高，也有很多人因為程序煩瑣降低了就醫意願。而現在，「微信智慧醫院 3.0」貫穿導診、掛號、諮詢、檢查、支付、治療、複診等環節，看病就醫難度大大降低。

其次，在支付方面，人們無須像以往一樣，苦苦地在窗口前排隊等待，現在可以通過微信在線支付、處方單掃碼支付、終端機快捷支付等形式進行，不用再因繳費而往返奔波，也節省了醫院的人力。同時，微信將醫保、商保、自費等支付方式全部納入，消費者可自由選擇支付方式，也省去了事後報銷的煩瑣流程。

案例

「AI Doctor」輔助診療：平安好醫生的探索

在廣闊行業前景和利好政策的驅動下，新型移動醫療 App 作為醫療行業的新力量不斷湧現。數據顯示，截至 2019 年 5 月，共有 2000 餘款移動醫療 App（其類型及主要平台見表 5-2）上線，涵蓋尋醫問診、掛號 / 導診、醫藥服務、健康管理等領域。

表 5-2　移動醫療 App 類型及主要平台概覽

類型	典型平台列舉
尋醫問診	平安好醫生、春雨掌上醫生、問醫生、丁香醫生、健康在線、阿里健康
掛號 / 導診	好大夫在線、微醫（掛號網）、就醫 160、就醫寶預約掛號、翼健康、趣醫院
醫藥服務	1 藥網、叮噹快藥、健客網上藥店、康愛多掌上藥店
健康管理	美柚、大姨媽、護眼寶、優健康、育學園、愛康、丁香園
其他醫療	小豆苗、輕鬆互助、1 藥網診療助手、寶寶生活記錄

這裏以平安好醫生為例。平安好醫生是平安集團旗下的互聯網醫療健康平台，其業務主要有四大部分：家庭醫

生服務、消費型醫療、健康商城及健康互動和管理。平安好醫生通過線上線下資源的整合，構建了「一站式」的醫療服務模式。

家庭醫生服務使得「每個家庭擁有一個家庭醫生」成為可能。平安好醫生通過自聘全職醫生、與社會化住院醫師簽約等形式，聚集了醫師團隊，由人工智能系統「AI Doctor」輔助工作。平安好醫生 App 為用戶提供了 7×24 小時的在線免費或付費的醫療諮詢。同時，轉診、掛號、住院安排、第二診療意見及「1 小時送藥」等全部可以通過平安好醫生 App 完成。

平安好醫生將人工智能用於醫療，創造出「AI 智能醫生」。AI Doctor 人工智能醫療系統經過平安好醫生超 4.1 億人次諮詢數據的訓練，可以為用戶提供 3000 多種常見疾病的諮詢服務，相當於一個 24 小時在線的全科家庭醫生，與病患進行交互，為病患提供問診、用藥及健康諮詢。AI 智能醫生彌補了現實中匱乏的醫師資源，一定程度上滿足了用戶日益增長的醫療服務需求。

平安好醫生官網資料顯示，截至 2018 年 12 月底，平安好醫生註冊用戶數達 2.65 億，在我國覆蓋了 3000 餘家醫院、1100 餘家健康體檢中心、500 餘家牙科診所和 7500 餘

家藥房，建立起了覆蓋面較廣的健康醫療服務提供商網絡。

　　總的來說，移動醫療 App 主要從三方面解決了醫療行業的痛點：第一，彌補家庭醫生缺口，緩解線下醫療機構人力不足的壓力，為醫生和醫院減負；第二，讓每個家庭有可能擁有一個家庭醫生，提供 7×24 小時、簡單觸達、優質的醫療服務，為患者提供便利；第三，通過應用人工智能、大數據等技術降低成本，為政府緩解社會醫療保險的成本壓力。

　　作為移動互聯時代的新生事物，「互聯網＋醫療健康」引起了醫療界、管理部門的高度關切。一方面，它的推進有利於實施健康中國戰略，提升醫療衛生現代化管理水平，優化資源配置，創新服務模式，提高服務效率，降低服務成本，滿足人民群眾日益增長的醫療衛生健康需求。另一方面，「互聯網＋醫療健康」也是新生事物，參與主體多，涉及領域廣，隱私安全風險高，不少行為發生在虛擬空間，迫切需要地方相關部門加強協同配合，及時發現、解決新問題，引導各方有序參與。

　　2018 年 4 月 12 日，相關專家在就《關於促進「互聯網＋醫療健康」發展的意見》涉及的相關問題進行政策解讀時，提

到：要堅持「做優存量」與「做大增量」相結合，既運用「互聯網＋」優化現有醫療服務，又豐富服務供給；堅持鼓勵創新和防範風險相結合。該文件的出台也反映了國家推進「互聯網＋醫療健康」，加快醫聯體（區域醫療聯合體）建設的決心。

5.3　公共出行：插上智能的翅膀

城市公共交通是城市對外的窗口，更是一個城市發展的形象縮影，它作為一個城市重要的基礎設施，是人們日常生活中不可或缺的出行方式。

我國城市道路擁堵問題較為嚴重，加上機動車保有數量逐年上升，擁堵程度進一步加深。解決擁堵的最好辦法是優化公共交通條件。公共交通作為市民出行的主要方式，具有容量大、價格低廉、污染少等優勢。但同時，也有部分市民認為公共交通的整體服務體驗不是很好：首先，由於線路規劃、車輛調度方式不夠科學，乘客候車和乘車時間過長、行車路線繞遠、車廂內過於擁擠；其次，很多市民在出行時如果忘記帶現金或者公交卡，乘坐很不方便，經常會發生在公交站向陌生人「討借」幾元車票錢的尷尬情況；此外，在有突發事件時，公共交通工具難以滿足緊急的出行需求。

　　互聯網為公共出行插上了智能的翅膀，提高了出行效率，為用戶帶來了良好的出行體驗，一定程度上解決了行業的固有痛點。

　　在數據運用還不廣泛的年代，政府管理部門和公交公司很難及時了解人們的出行規律以及對公共交通的需求。什麼時候出行人數最多？大約是什麼量級？哪個公交站人流最擁擠？這些問題的答案很難實時地反饋到管理部門，管理部門也很難及時對車次進行調整。隨着互聯網的發展，可收集的公交數據更加多元和開放，很多互聯網企業開始憑藉公交大數據，動態分析居民的出行需求分佈，進行線路規劃、班次調整，有效地帶動了傳統的公交管理模式向精細化管理轉變，有助於解決城市居民「行路難」的問題。

　　隨着移動支付的飛速發展，二維碼、NFC（近場通信）等新型支付方式已經覆蓋人們生活的方方面面，全國上百個城市的公交車和地鐵均可用支付寶、微信小程序掃描二維碼進行支付，免去了兌零錢和忘帶公交卡的尷尬。在停車場，「無感支付」得到應用，通過將支付賬戶與車牌綁定，車輛在進出停車場時，攝像頭識別車牌，之後系統實現自動抬杆、自動扣費，支付的整個過程都不用停車，比 ETC（電子不停車收費系統）的付款模式更便捷。

案例

阿里 ET 城市大腦的中樞系統：交通大腦

阿里 ET 城市大腦是以阿里雲的計算與大數據處理平台為基礎，結合機器視覺、大規模拓撲網絡計算、交通流分析等跨學科領域的知識，實現城市多源異構數據收集、實時處理與智能計算的系統。

ET 城市大腦旨在利用城市數據資源全局優化城市公共資源，即時修正城市運行缺陷，實現城市治理模式、服務模式和產業發展的三重突破。其中，「交通大腦」是 ET 城市大腦的核心板塊，也是切入智慧城市的入口。交通大腦從信號燈優化、運營車輛調度、交通事件感知等方面着手，為城市提供「城市交通態勢評價」「特種車輛優化通行」「大規模網絡 AI 信號優化」3 套解決方案，支撐城市交通精細化管理和快速決策，切實解決交通擁堵與公共出行難題。

2018 年 4 月，杭州市政府聯合阿里雲等多家企業，推出了杭州城市大腦「天曜」，能夠對城市裏的交通事件和事故進行全方位實時感知、自動巡邏。從發現交通事件發生到報警，天曜僅需要 20 秒，真正用人工智能代替了人力。在杭州，天曜已經覆蓋 700 多個道路斷面，實現了自動實

時巡邏，有效釋放了 200 餘名警力，交通事件、事故的報警準確率高達 95％以上。

杭州作為長江三角洲城市群的中心城市之一，上下班高峰期擁堵情況曾經非常嚴重，目前受益於天曜，交通出行的效率不斷提高。依據公開的城市季度報告，在全國最擁堵城市排行榜上，2016 年，杭州位於第 5 名，而到了 2018 年第二季度，已下降到第 57 名。

一部手機搞定各種交通工具，根據路況實時調整的智慧信號燈，利用大數據治理城市擁堵……當公共出行插上互聯網的翅膀，落地多個城市的「交通大腦」讓我們的城市變得更加智慧。

5.4 「互聯網＋公共安全」：提升群眾安全感

在數字經濟時代，「互聯網＋」已滲透各個領域。在公共安全領域，互聯網技術的應用讓警務工作因科技更高效，「互聯網＋食品」的監管也進一步保證了百姓舌尖上的安全。

按照國內的分類方法，公共安全主要涉及自然災難、社會安全、公共衛生、事故災難 4 個領域。隨着經濟的快速發

展，公共安全事件頻發，對社會的影響越來越大，造成的人員、財產損失也越發嚴重。傳統的城市公共安全管理模式以應急處置為核心，已經很難適應當前城市發展的需要。

物聯網、互聯網、大數據、雲計算等新技術有利於提高城市公共安全的數字化和智能化水平，可以貫穿風險的事前發現、事中控制、事後總結的全過程。

在事前發現環節，利用大數據技術建立針對突發事件的分析模型，將國內突發事件的數據監測、數據分析與挖掘、預測與預警流程的經驗融入其中，從而可預判危險事件的產生，將其扼殺在萌芽中。

在事中控制環節，技術同樣可以發揮作用。以反欺詐案件為例，傳統反詐騙手段在於事前的教育和事後的彌補，很難在事中起到作用。而新型反欺詐產品，如騰訊的智能反詐騙產品「鷹眼智能反電話詐騙盒子」基於大數據分析，建立了當前主流詐騙電話應檢模型。發現詐騙電話打入時，可以向受害者實時發送短信提醒或阻斷詐騙電話，有效做到事中打擊，阻斷詐騙分子的下一步行動。

在事後總結環節，一方面可以通過技術找到案件的破解方法，另一方面可以通過總結案例，再次進行數據的挖掘、關聯分析，讓分析模型更加完善，為下一次事前預防做準備。

案例

騰訊優圖「跨年齡人臉識別」技術尋找走失兒童

目前，我國每年被拐賣的兒童有 1 萬人左右，根據民政部的估計，全國流浪乞討兒童的數量為 100 萬～150 萬。各大尋親平台上佈滿了孩子們的照片，其背後是令一個個家庭心酸和絕望的故事。兒童走失的家庭耗費大量人力、精力、財力進行大海撈針式的尋找，但效果往往並不理想。

2019 年 5 月，央視節目《等着我》報道了一個歷時 10 年的尋親案件，一個 3 歲時失蹤的兒童，在騰訊優圖「跨年齡人臉識別」技術的助力下，被警方成功尋回。由於兒童被拐時只有 3 歲，經過 10 年的成長，面貌特徵發生了巨大變化，加大了尋找的難度，甚至連其親生父母也很難認出。騰訊優圖憑藉在計算機視覺領域多年的技術和經驗積累，通過不斷優化人臉識別算法，數據檢索能力的精度已超 99.99％，有效地協助警方在海量的人臉數據中快速對比、鎖定、匹配可能的失蹤人口，降低了警務成本，促成了更多兒童走失家庭的團聚。

這其中發揮作用的主要是騰訊優圖的跨年齡人臉識別技術，該技術重點針對尋人場景中年齡較小的嬰幼兒被拐

的情況，可推算出兒童 5 年、10 年後的模樣。為了更加充分地從數據中學習人臉自然的跨年齡變化規律，突破尋找的時間難點，騰訊優圖提出了基於 DDL（分佈式蒸餾學習法則）的正則化遷移學習策略。該策略使得算法模型可充分進行跨年齡人臉識別學習，從而使跨年齡識別更加可靠和精準。

目前，騰訊優圖已協助福建、四川等多地的警方尋找到失蹤人口。騰訊公佈的數據顯示，該技術幫助福建省公安廳「牽掛你」防走失平台累計找回 1090 餘人。此外，QQ 全城助力增加「人臉尋親」功能，將走失人員的照片上傳，即可在失蹤人口人臉數據庫中進行檢索比對和匹配，確認關聯關係。截至 2018 年 10 月，該項功能已經累計幫助找回 600 多人。

案例

西南淨網安全宣傳中心多方合力打擊新型犯罪

互聯網在帶來利好的同時，安全問題日漸凸顯，依靠互聯網產生的欺詐手段層出不窮，網絡安全事件頻發，造成了極差的社會影響。

詐騙團夥的詐騙方式越來越緊跟時事熱點，詐騙手法也越發專業和隱蔽。校園貸出了問題，便有騙子以「幫助學生註銷校園貸賬號」為由，誘導大學生下載校園貸App，將貸款額度全部提現，轉到自己賬戶上；法國巴黎聖母院剛發生火災，犯罪分子便以慈善捐款的名義，哄騙網民捐款。犯罪團夥「蹭熱點」的速度越來越快，手段也越來越「高明」。

2019 年 1 月 22 日，公安部在全國範圍內部署了「淨網2019」專項行動。為響應「淨網 2019」專項行動的要求，打擊網絡違法行為，4 月 25 日，騰訊 110 與重慶市公安局網絡安全保衛總隊合作成立了「西南淨網安全宣傳中心」，旨在圍繞網絡安全校園聯盟、安全教育等問題，進行新型警企合作探索，利用互聯網公司的科技、數據能力以及警方的打擊預防能力，為網民提供安全的網絡環境。

想要解決日漸複雜的網絡詐騙問題，需要多方合力。警方、互聯網企業、運營商、銀行等，各自都在反欺詐鏈條中擔任着重要角色。騰訊 110 是騰訊旗下的違法違規舉報受理平台，受理包括網絡詐騙、公民信息售賣、網絡傳銷、網絡色情等各類違法違規行為的舉報。對於騰訊 110而言，利用大數據、人工智能等技術，可以及時發現有詐

騙嫌疑的賬號，確定線索，提前介入，對可能受害的群眾進行精準預警，從而降低他們被騙的概率。截至 2019 年 5 月，平台累計用戶量達 6649 萬，累計受理有效舉報案例達 1813 萬件。

案例

區塊鏈溯源技術賦能食品安全

安全無小事，食品安全大於天。而近年我國食品安全事故頻發，造成了嚴重的社會影響。食品安全面臨嚴峻挑戰，其中很重要的一方面便是製假售假、生產不合格產品。一些企業主體為了追求非法利益、降低正常損耗，在生產經營過程中常常非法添加違禁品，或者以次充好、摻雜使假。此外，餐飲加工操作不規範、衛生不達標等情況也時有發生。更有甚者，將過期食品更改標籤後再次進行銷售，嚴重威脅消費者的健康。而由這些食品安全事件引發的信任危機不斷衝擊整個食品行業，降低了人們對整個食品行業的信任。

2018 年 11 月，永輝超市上線了區塊鏈食品安全溯源系統，利用區塊鏈數據不可篡改、可追溯的特性，為生鮮食

品流轉的各環節存證，以保障食品安全。

　　傳統的食物供應鏈因為涉及生產、倉儲、運輸、銷售等多個環節，把控流程非常複雜，很容易在個別環節產生問題，且問題難以被發現。而區塊鏈食品安全溯源系統可以實現食物信息公開化，對行業從業者、消費者和永輝超市本身都具有積極意義。首先，區塊鏈的不可篡改性和可追溯性會對產業鏈上各環節的從業者產生警示作用。這樣可以促使生鮮產業鏈上的從業者自律，減少違規行為的產生。比如，永輝超市將溯源系統運用於多寶魚商品上，將二維碼標籤釘在鰓殼上，消費者可隨時掃碼，查詢魚的生產、運輸、檢疫、銷售等各類詳細信息。該二維碼經國家檢測中心認證，且在蒸煮烹炸時不會因高溫產生有害物質而影響消費者健康。通過區塊鏈技術，可實時監測產業鏈上的信息，進一步預防食品安全問題。其次，對消費者而言，通過區塊鏈溯源系統可清晰查看生鮮產品的所有信息，獲得食物的同時，可以對其質量做到心中有數。最後，對永輝超市而言，區塊鏈溯源系統是預防食品安全問題的重要手段，通過大數據、人工智能分析生鮮食品的溯源信息，可實現風險預警及問題追蹤，全方位保障生鮮食品的安全。

目前，除了多寶魚商品外，永輝超市的區塊鏈食品安全溯源系統已在其他主要生鮮農產品（如肉製品、大閘蟹、水果和蔬菜等）中進行試點。

安全無小事。互聯網的發展和科技的進步讓相關部門在安全領域的建設不斷上升到新的高度。互聯網是虛擬的，但安全感是實實在在的，向善的科技不斷為安全建設保駕護航。

尾聲

在一部手機上就可以完成公積金查詢、個人社保繳納、結婚登記預約和出入境辦理服務，從「掛號難、排隊長、報銷煩」到移動醫療和智慧醫院，藉助移動工具完成公共服務預約、繳費、證明辦理，有效避免「門難進、事難辦、臉難看」的難題和「證明你媽是你媽」的尷尬。另外，還出現了更智慧的出行方式、更安全的食品和社區……互聯網和公共服務的結合從供給側着手，引導着政府公共服務從管理到服務的轉變。

這個轉變最核心的思想就是把人民群眾放在中心。群眾從被動地等待、無奈地跑腿，到掌握主動權、提出真實的想法

和建議。這個過程中，群眾的聲音有人傾聽，群眾的煩惱有人在意，群眾的訴求有人落實。從基層的辦事機構到頂層的制度設計，一脈相承又兼具地方特色；從經濟發達地區的率先行動到欠發達地區的迎頭趕上，我們要為政府的決心和勇氣點讚，更要為實踐中的每一個主動創新加油。

但我們也要看到發展中出現的新問題，比如醫療領域的創新和監管的新問題、全面互聯網化之後對個人隱私保護帶來的新挑戰。既要「加大油門」又要「備好剎車」，既要激發創新創造活力又要防範可能的風險。簡政放權、放管結合，最終的落腳點還是優化服務。供給側的改革讓我國政府職能朝着服務型轉變，它不斷激發市場活力和社會創造力，也在不斷提升人民群眾的獲得感和幸福感。

第六章

互聯網改變中國公益

本章導覽

與發達國家相比，我國公益事業的發展還處在較為初級的階段，但隨着互聯網的普及，越來越多的民眾有機會參與日常的公益行動及捐贈活動，我國的公益事業開始進入極具特色的數字公益時代。

互聯網大大降低了公眾參與公益活動的門檻，通過連接賦能拓展了公益事業參與機構的數量及能力，提高了信息透明度，建立了捐助人對平台及捐助項目的信任，從根本上改變了公益事業的運作模式。

互聯網給我國公益事業帶來的具體改變主要體現在使得公益參與行為多樣化，促使公益事業上下游合作夥伴專業化和細分化，推動公益事業發展的動能轉換，以及將社交融入公益，使得愛心更有溫度等。

「互聯網＋公益」在快速發展的同時，也帶來了受助人信息造假、資金用途不透明，甚至涉嫌傳銷等問題，需要儘快完善相關的法律法規。

引言

　　從全球來看，我國公益事業的發展還處在較為初級的階段。我國的公益機構由具有公募資質的大型機構主導，更多的資金來源是政府的撥款和大型企業的捐贈。在 2000 年之前，個人參與公益捐贈的比例很低。

　　相比之下，美國等西方國家的公益機構的捐助來源要豐富很多。以美國為例，其慈善基金會總數超過 86 000 家。2017 年，美國年度慈善捐贈總量達 4100 億美元[1]，約合人民幣 26 818.51 億元，而同年我國社會捐贈總量預估約為 1558 億元[2]。

　　西方公益事業發展較為成熟，主要原因有兩方面。第一，稅收制度。很多西方國家為鼓勵民眾及富裕家族參與公益事業，為公益捐款設置了非常優厚的免稅政策。同時，在遺產繼承等方面，西方國家通常都會設置高額的遺產稅。在這樣的政策傾斜之下，富裕家族都會設立自己的基金會。近年來，在沃倫・巴菲特、比爾・蓋茨等頗有社會影響力的公眾人物的踐行下，有更多富人投身公益事業。第二，有宗教信仰的普通公

1　來源：美國捐贈基金會（Giving USA Foundation），2018 年 6 月。
2　來源：《慈善藍皮書：中國慈善發展報告（2018）》，中國社會科學院社會政策研究中心及社會科學文獻出版社，2018 年 6 月。

眾參加教會組織的日常捐助和公益活動蔚然成風。

雖然我國公益事業起步相對較晚，但隨着互聯網的普及，越來越多的民眾有機會參與日常的公益活動及捐贈活動，公益事業開始進入極具特色的數字公益時代。

6.1 互聯網帶來的本質改變

6.1.1 大大降低公眾的參與門檻

2007 年 6 月，騰訊公益慈善基金會（簡稱騰訊基金會）成立，它上線了我國第一個互聯網募捐信息平台 —— 騰訊公益，從此，互聯網開始聯結公益事業。

在互聯網普及之前，電視媒體是公益活動傳播的主要渠道。一個常見的場景是，人們在電視上看到捐助的需求，屏幕上顯示捐贈收款賬號，需要在很短的時間內記下這些信息，然後通過郵局、銀行的櫃台服務，填寫各種匯款單，電匯至捐贈收款賬號。捐助之後，幾乎沒有途徑可獲知捐款的使用情況。

可以看到，在互聯網廣泛聯結公益事業之前，普通民眾參與捐贈的門檻太高。一方面，煩瑣的捐贈流程會將大部分人的參與意願消耗在其行動之前。從電視上記下賬號，走到銀行

或郵局的櫃台前，排隊填寫各種匯款單，對公眾來說，是耗時耗力的事情。

互聯網的發展，特別是移動支付的普及，大大降低了公眾參與公益的門檻。移動支付打通了捐款渠道，使得互聯網捐助可以 7×24 小時無間斷進行，無論是一元、十元還是十萬元，都可以通過指尖一點，實時到達捐助賬戶中，真正做到愛心不分大小，重在參與。一些有趣的數據顯示，人們最常提供捐助的時間段是工作日的晚上，臨睡之前的一兩個小時。[1] 當把一天繁忙的工作拋在腦後，躺在牀上感覺生活很美好的時候，捐款的概率比較高。而互聯網真正做到的，就是將所有外界的限制條件儘量降到最低以至沒有，為人們踐行公益提供最為便捷的途徑。

6.1.2 連接賦能增加機構數量，拓展機構能力

我國的公益事業中，1451 家[2]較大的具有公募資質的公益機構是支柱。它們支撐着新中國成立以來公益事業的發展。公益機構的工作者也極具奉獻精神，他們需要解決的都是極度貧困、大病救助、兒童生存及教育等社會問題，其難度可

1　來源：騰訊研究院 2014 年的《騰訊慈善大數據報告》。
2　來源：慈善中國官網，截至 2019 年 1 月 31 日。

想而知。

　　但不可否認的是，如果僅靠具有公募資質的公益機構來完成捐贈經費籌資，捐助項目立項、執行、評審，捐助資金撥款到位，捐贈後期的反饋等各項工作，公益事業仍面臨巨大的挑戰。我國大量的 NGO 是公益事業的中堅力量，約有 3834 家[1]。這些 NGO 在扶貧、教育、大病救助等各個細分領域深耕多年，培育出實施中小型項目的組織和執行能力。但囿於制度的限制，這些 NGO 沒有向公眾募集資金的資質，從而導致其經費來源、發展前景及發展規模受到很大的限制。如何將數量眾多的 NGO 的能力釋放出來，從項目執行、細分領域深耕、創新模式探索等方面對有公募資質的大型公益機構做有益的補充，是我國公益事業迭代的關鍵環節之一。

　　互聯網的連接優勢在此發揮了巨大的作用。互聯網公司的巨大優勢就是邊際成本近乎為零，一端連接公眾，另一端連接機構，公眾可以通過互聯網公司的平台進行實時捐助，捐助的經費實時打入具有公募資質的機構的捐款賬戶。而沒有公募資質的 NGO 可以通過互聯網與具有公募資質的公益機構進行合作，前者負責項目的執行，後者負責資金的籌集和調撥。通

1　來源：慈善中國官網，截至 2019 年 1 月 31 日。

過這樣的方式，就完成了公眾、NGO 和大型公益機構的有機連接，讓眾多的參與方能夠以眾包的方式進行有機的組合，從而激發出個人、中小機構、大型組織各自的活力。

6.1.3　出現透明的信息披露機制提升信任度

公益事業的基本保障是信任的建立。我捐的錢去了哪裏，給了誰，對他／她起到了什麼樣的作用？我資助的項目執行得如何？我是否能夠看到中期進度和結果匯報？……如果沒有透明的信息披露機制，那麼捐贈人的感知僅僅是捐助資金的單向流出，卻沒有閉環的信息流的反饋，捐贈行為從而進入一個信息黑洞，那將會大大降低人們對公益的參與意願和力度。

騰訊公益搭建了一套「互聯網＋公益」披露機制，意在促進信息更加透明，率先構築了信任生態，成為行業典範。通過騰訊公益平台捐款，用戶首先可以在界面中選取自己感興趣的公益項目，點擊捐款按鈕之後，一個公益透明度提示將會跳出，上面明確寫明當前項目的執行機構、善款的接收機構的名稱。平台還會列出當前項目的執行時間、進度反饋情況以及財務披露狀況，只有當用戶點擊「我已知情，繼續捐款」的按鈕之後，才會進入下一步的支付界面。示例見圖 6-1。

圖 6-1　騰訊公益的項目羅列界面、展示界面、捐助界面和財務信息披露界面示例

　　這樣的機制保證了每一個捐助人都可以了解支持的項目是否可以信賴；它在信息披露、可信度方面是否比同類項目更有優勢；它是不是自己能夠選擇支持的最佳項目。這樣的機制也督促每一個項目執行方，在資金捐助財務披露、項目進度披露等關鍵信息方面投入更多的精力，從而可以爭取到最多的捐助支持方。

　　透明的機制有助於構建信任關係，好的機制也能夠確保在這個體系之下不會出現「劣幣驅逐良幣」的現象，避免魚龍混雜。透明的信息披露機制讓優秀的項目能夠有辦法呈現自身的特點，同時也引導捐助人做出更多的理性判斷，了解自己捐助的項目的詳細信息，讓項目的執行方用更多精力來「修煉內

功」，以實力贏得支持。

　　此外，騰訊公益還構建了完整的項目結果反饋制度。每一個捐贈人，無論捐贈金額有多少，都會定期收到所支持項目的進度匯報。例如，通常的大病救助項目會定期發送項目經費的階段性花費明細，醫院的各種費用清單都會上傳電子版供查詢。受助者的康復信息也會以照片、文字描述等形式不定期回傳，讓捐助方了解自己的愛心帶來的改變。

　　很重要的一點是，在互聯網的連接之下，這樣的反饋及信任的構建成本基本為零。很難想像，在互聯網參與之前，傳統的公益事業如果想要實現這樣的資金流與信息流的閉環，讓捐助者從捐錢那一刻開始一直到捐助結果呈現的各個環節，都能夠實時獲知結果，將要有多麼巨大的人力及物力成本的消耗。

6.2　互聯網給我國公益事業帶來的改變

6.2.1　參與行為多樣化

　　互聯網為公益的參與帶來了巨大的想像空間。越來越多的創意讓普通人了解到，除了金錢的饋贈之外，還有其他一些參與公益活動的方式。例如，為盲童讀書的公益項目，就鼓勵

大家朗讀圖書，將自己的聲音捐獻給失明的用戶，讓他們免費聽到各種有趣的讀物。

案例

螞蟻森林

2016 年 8 月，螞蟻金服在支付寶 App 上線了「螞蟻森林」（界面見圖 6-2），用戶通過步行、騎共享單車、在線繳納水電費、網絡購票等多種降低碳排放量的日常行為，積攢「綠色能量」。等到綠色能量達到一定數量後，螞蟻金服及其合作夥伴會在阿拉善、通遼等沙漠乾旱地區以用戶的名義真正種植一棵樹。通過這種形式，人們可以在日常生活中，以極低的成本真正參與公益項目，還培養了低碳環保意識。根據公開數據，截至 2018 年 5 月底，螞蟻森林用戶數量超過 3.5 億，相當於地球上 5% 左右的人在手機裏「種樹」，累計種植和養護了 5552 萬棵真正的樹，累計減排超過 283 萬噸。人們可以用微薄之力參與「綠色金融」這一宏大的主題，這樣的模式也為公益事業和互聯網行業帶來了新意。

圖 6-2　螞蟻森林界面示例

　　此外，還有運動捐步項目。手機計步功能開始普及之後，越來越多的人熱衷於查看每天走路的步數。互聯網公司開始將企業配捐引入鼓勵公眾的日常健身運動中。騰訊公益和微信運動合作推出的「運動捐步」是這類平台的代表。你可以捐出每天在手機端累計的運動步數，而有意願從事公益活動的企業拿出一定的資金，根據公眾捐贈的步數，配比相應的金額，捐助給一些需要資金的公益項目。這樣的創意吸引了很多公眾邊運動邊做公益。每隔幾天就累計幾萬步，看幾萬步能夠換成多少錢捐給各類公益項目，也成為很多人每天堅持鍛煉的一大動力。截至 2019 年 6 月 25 日，騰訊公益通過「運動捐

步」已經帶動了超過 9.2 億人次參與公益，在近 200 家愛心企業的支持下，為公益慈善組織募集了近 10 億元的捐贈資金。

　　2017 年 11 月，美國著名的公益行動 Giving Tuesday 與騰訊公益達成捐步合作，用戶每日行走 1000 步，通過微信和手機 QQ 運動捐步，便可參與 Giving Tuesday 的全球活動，通過步數兌換善款，幫助白血病兒童。截至美國當地時間 2017 年 11 月 27 日晚間，Giving Tuesday 官方發文表示，在騰訊公益平台參與此次捐步活動的用戶累計達到 500 萬人，共捐出 668 億步。

　　互聯網從業者的想像力讓公益變得更加多樣而有趣，正如舊時天橋的吆喝，「有錢的捧個錢場，沒錢的捧個人場」。互聯網真正帶來的是公眾參與公益的理念的改變，公益並不是有錢人的專屬，即便是普通如你我的百姓，也一樣能夠通過一元錢，甚至走走路就參與到公益事業中。「人人可公益」的理念大大擴展了我國「互聯網＋公益」發展的群眾基礎。

6.2.2　上下游合作夥伴專業化和細分化

　　任何一個產業迭代發展，必然是走向產業各個環節的專業化和細分化。如前所述，互聯網的連接功能將具有公募能力的公益機構、沒有公募資質的 NGO 和有捐款意願的民眾有機

結合到一起，形成了資金流的無縫銜接。

與此同時，互聯網助力完成了公益事業的職能化分工。越來越多的 NGO 開始由具有專項技能的人員自發組成，他們大多熱衷於某個項目的具體執行，而項目執行方通常對項目本身很執着，也有一套自己成型的方法論，能夠最有效地將資源利用起來。例如清華大學書脊支教團是清華大學學生自發組成的社團，每年暑假都會派出多支隊伍去我國不同省份進行支教活動。2018 年 7 月，該社團 13 名學生赴雲南大理白族自治州巍山彝族回族自治縣青華小學支教，為當地小學生帶去文化課、藝術課、體育課和科普講座，等等。專業化的分工協作整合了時間、人力、技能、物資，使得更多人參與，更多人受益。

各個公募基金會組織也開始更多地扮演公益細分領域機構組織者的角色。從提供募捐到執行的全流程服務，到幫助每一個合作的 NGO 構建能力體系，再到幫助細分領域提煉方法論並傳播給更多的 NGO，公募基金會組織也在不斷探索自己在數字公益時代的新定位。

此外，新媒體傳播成為「互聯網＋公益」越來越不可或缺的重要環節。好的公益項目如何能夠傳播出去，如何能夠發揮社交關係鏈的力量，讓項目信息觸達更多的潛在捐助者；

如何利用不斷更新的傳播方式，例如朋友圈、小視頻、直播等，達到全方位的信息傳遞；如何利用 AR（增強現實）、VR（虛擬現實）技術讓捐贈人能夠在異地看到捐助項目帶來的變化……這些都與新技術的參與息息相關。可以說，新科技在不斷助力公益事業上下游合作夥伴向專業化分工發展。

角色定位的轉變讓每個參與方都能夠更好地發揮自己的資源稟賦，同時也能夠找到價值鏈上最優秀的合作夥伴，將自己不擅長的事情委託出去，從而使整體效率達到最優，並提升整體產業鏈的價值。

6.2.3　動能轉移

互聯網讓公益事業自下而上的力量越發強大。更多的個人和組織能量的釋放讓公益活動從以公募機構為核心轉移到以項目為核心。從前，人們在選擇捐助對象的時候，只能選擇不同的基金會。現在，隨着信息顆粒度的不斷細化，可以選擇「我要支持什麼項目」，關注的細節和評價標準變成項目執行人的經驗如何，項目本身的執行效果如何，項目帶來的改變效果如何，等等。

這就像是從計劃經濟轉為市場經濟，每個項目的執行方都有巨大的動力讓自己的項目做得更有效力，更能夠吸引捐助

方。市場機制開始在捐助人和受捐項目之間發揮動態匹配的作用。此外，連接賦能，大型公募機構通過互聯網的連接，能夠更專業地管理更多的 NGO，實際運作的項目數量和項目質量都有了質的飛躍。

6.2.4　社交融入公益，愛心更有溫度

在互聯網的助力下，我國公益領域的參與人數在短短幾年之內就迅猛增長。2014 年騰訊公益推出一種新型募捐形式 ——「一起捐」。個人通過騰訊公益平台為公益項目發起愛心籌款，生成項目說明宣傳圖片，在朋友圈中進行傳播。大家可以參與「一起捐」，並將項目宣傳圖片進行二次轉發。通過這種形式，騰訊將平台社交因子注入公益活動，使得公益藉助社交的力量得到了再一次的高速成長。

騰訊公益在「一起捐」的基礎上，繼續探索公益新形式。2015 年開始，騰訊公益聯合數百家公益組織、知名企業、明星名人、頂級創意傳播機構，發起一年一度的全民公益行動日 ——「99 公益日」。數百家公益組織在騰訊公益平台上發起了上千個公益項目，吸引用戶參與公益捐款。騰訊將微信、QQ 的社交能力，以及騰訊旗下眾多平台的傳播資源，深度開放給廣大公益組織進行活動宣傳。同時，騰訊基金會聯合眾多

愛心企業，共同為用戶參與公益進行慷慨「配捐」：用戶每捐出一筆善款，騰訊基金會和愛心企業就遵照相應規則，依照規定的比例，向用戶捐贈的項目進行定向捐贈。

根據騰訊公益公佈的數據，2017 年「99 公益日」期間，3 天時間內共有 1268 萬人次捐出 8.299 億元善款，資助了 6466 個公益項目，再加上騰訊基金會的 2.999 9 億元配捐以及愛心企業的 1.77 億元配捐，捐贈總額超過 13 億元；2018 年「99 公益日」，共有超過 2800 萬人次為 5498 個公益項目捐出超過 8.3 億元善款，加上騰訊基金會和 2000 餘家愛心企業的配捐，捐贈總額達到 14.14 億元。

2018 年，民政部依據《中華人民共和國慈善法》指定的 20 家互聯網募捐信息平台（見表 6-1），共為全國 1400 餘家公募慈善組織發佈募捐信息 2.1 萬條，網民點擊、關注和參與超過 84.6 億人次，募集善款總額超過 31.7 億元，同比增長 26.8％。慈善組織通過騰訊公益募款 17.25 億元、螞蟻金服募款 6.7 億元、阿里巴巴公益募款 4.4 億元，新浪微公益、京東公益、公益寶、新華公益、輕鬆公益、聯勸網、廣益聯募、美團公益、水滴公益等平台的募款金額均達千萬元級。互聯網給公益事業帶來的改變已經從涓涓細流匯集成海。

表6-1 互聯網募捐信息平台列表

序號	平台名稱	運營主體
1	騰訊公益	騰訊公益慈善基金會
2	淘寶公益	浙江淘寶網絡有限公司
3	螞蟻金服公益	浙江螞蟻小微金融服務集團有限公司
4	新浪微公益	北京微夢創科網絡技術有限公司
5	京東公益	網銀在線（北京）科技有限公司
6	百度公益	百度在線網絡技術（北京）有限公司
7	公益寶	北京厚普聚益科技有限公司
8	新華公益	新華網股份有限公司
9	輕鬆公益	北京輕鬆籌網絡科技有限公司
10	聯勸網	上海聯勸公益基金會
11	廣益聯募	廣州市廣益聯合募捐發展中心
12	美團公益	北京三快雲計算有限公司
13	滴滴公益	北京小桔科技有限公司
14	善源公益	北京善源公益基金會（中國銀行發起成立）
15	融 e 購公益	中國工商銀行股份有限公司
16	水滴公益	北京水滴互保科技有限公司
17	蘇寧公益	江蘇蘇寧易購電子商務有限公司
18	幫幫公益	中華思源工程扶貧基金會
19	易寶公益	易寶支付有限公司
20	中國社會扶貧網	社會扶貧網科技有限公司（國務院扶貧辦指導）

來源：民政部公告第 434 號，2018 年 6 月 1 日。

6.2.5　互聯網慈善面臨的挑戰與信任危機

「互聯網＋公益」在快速發展的同時，也存在着一些亟須解決的問題。2016 年頒佈並實施的《中華人民共和國慈善法》作為慈善基本法，認可了互聯網慈善，它作為新鮮事物，發展速度非常快，但也出現了受助人信息造假、資金用途不透明等問題。任何人都可以通過互聯網發佈信息，在社交媒體上，很多不具有公募資質的個人或組織公佈受捐賬號，直接接受捐款，而由於信息不對稱，加上很多公益平台尚未搭建透明的信息披露機制，人們很難辨別事件的真假。更有一些網絡平台打着愛心慈善的幌子，實際涉嫌組織傳銷等犯罪活動。

因此，還需儘快完善「互聯網＋公益」的相關法律法規，增強對主體資質、慈善項目的運作以及對個人網絡求助行為的監管，確保公開透明。不應讓廣大網民在捐助時僅僅停留在「捐款」層面，而應該給他們提供渠道，讓他們可以持續、密切關注項目的進展及財務狀況，從而形成對網絡公益的社會監督。

技術的發展通常是一把雙刃劍，互聯網在大大提高信息傳遞的效率、帶來信息透明度提升的同時，也可能被一些非法機構利用，擴大虛假公益的危害。因此，對於濫用互聯網發佈

虛假信息的假公益現象，應加強監管，避免這類違法行為利用互聯網造成更大的社會危害。

尾聲

互聯網與公益的結合充分體現了中國特色：通過創意激發出傳統產業的新的活力；通過互聯網降低參與門檻，以社交或娛樂為引入點，讓更多的用戶能夠有意願去體驗、去參與，然後發現其中的價值。互聯網讓各個行業的資源配置更加優化，提升了捐贈流程的透明度。力行公益變得簡單快樂是科技讓社會更美好的直接體現。但由於互聯網上的信息發佈具有隨意性，新的商業模式中不斷出現的打賞、積分等工具可能被惡意的信息發佈者濫用作為虛假公益捐贈的通道，這就需要我們時時跟進和警惕，維護公益發展的良好秩序。

第七章

互聯網改變金融

本章導覽

　　創新總是有風險的。儘管銀行等金融機構也在積極改變、謀求創新，但在嚴監管、高利潤的行業環境下，傳統金融業仍舊缺乏足夠的動力，步伐始終顯得遲緩。以移動支付為代表的互聯網金融為這個市場帶來了新的生機與活力。

　　互聯網改變金融的歷程，從最初的萌芽時期，到出現以第三方支付為代表的深入融合時期，隨後進入了金融創新及金融科技全面發展時期。在當前這一時期，第三方支付快速發展，餘額寶等創新產品模式不斷出現。

　　互聯網及相關技術開始全面進入金融產品和服務的底層，大數據等新技術的應用推動了金融科技時代的到來，用科技改變了金融產品的運作機理。隨着金融科技發展的深化，一個開放、合作、共贏的金融時代正向我們走來。

　　「金融的歸金融，科技的歸科技。」大起大落、拓荒多年的互聯網金融，在兩年的嚴監管之後開始有序生長。因互聯網的高速發展而改變的金融業終於踏上了有序發展的道路。

引言

「傳統銀行如果不改變，就會成為在 21 世紀滅絕的一群恐龍。」這句直到今天仍被金融業高管反覆提及的話已經難以考證出處，但近些年來金融業的不斷改革發展用事實證明了這句話。面對互聯網的浪潮，金融業無處可逃。那些曾經的焦慮和彷徨、恐懼與不安，最終都在改革這一巨大推動力的作用下，化為開放的決心和創新的勇氣。

7.1 實踐為先：金融大象插上互聯網的翅膀

1997 年 4 月，招商銀行（簡稱招行）繼中國銀行之後上線了自己的網站。有所不同的是，除了一些形象宣傳，招行網站還設置了「一卡通」賬務查詢、股票信息查詢等功能。1997 年我國互聯網所處的環境，很難讓銀行真正對全面開展網上業務產生信心。那時，國內大多數銀行都對招行的這種做法持「旁觀」態度，覺得網上銀行太小眾，至少在短期內還成不了什麼「氣候」。招行成為「第一個吃螃蟹」的銀行，這種「先知先覺」多多少少是被逼出來的。但「小銀行」強烈的危機感迫使它必須多想一些打破原有體系的「怪招」。1998 年，招行

率先推出支持網上支付的「一網通」，並第一個實現了 ATM 機全國通兌和 POS 機（電子付款機）全國消費聯網。在 20 世紀末那個嶄新的網上世界，招行成了業界的「領頭雁」。

在 2000 年 11 月 21 日出版的《人民日報》第 11 版上，招行的觸網故事被記者楊明方用生動的筆觸記錄了下來。19 年過去了，銀行和互聯網的結合早已不是新鮮事，虛擬銀行、互聯網銀行，甚至 5G 無人銀行都已經或者將要出現在我們的日常生活中。但回首金融業的互聯網轉型之路，實踐為先依然是不變的法則。

7.1.1　創新與風險同行

並非金融業不想主動求變，只是作為國之重器，金融安全穩定是第一位的。當本分持重的金融業在 20 世紀末遇見快速多變的互聯網，就像老大哥遇上了突然闖入的「二次元」少年，那是一個嶄新的世界，規則需要重置，技術需要突破，機會無限卻也充滿風險。

一方面是安全風險。經過幾年的發展，各大銀行逐漸上線了網絡銀行和手機銀行，但快速發展的網絡支付卻必須面對保障支付安全帶來的挑戰。2004 年 9 月，國內出現了首個專門針對招行網絡銀行業務的木馬病毒「快樂耳朵」，隨後，接

連有用戶的網上銀行賬戶被竊巨款。

另一方面還面臨新業務風險。創新需要跳出已有的舒適區，去探索新的方法、模式、路徑並服務更廣泛的客戶，但這個過程總是伴隨着更多的不確定性，也面臨更多的業務風險。

7.1.2　風起青之末

在傳統金融遲緩的改革步伐下，互聯網對金融的改變開始從外部發起，並逐步發展成吹動整個行業改革創新的颶風，但此風起於微末，源始並不宏大。

2004 年的淘寶網更像是一個同城交易平台，買家只會找同城賣家線上下單，然後和賣家約好時間地點，見面交易，一手交錢一手交貨。網絡支付最初的形態就是提供擔保賬戶，以解決陌生交易雙方之間的信任問題。

第一筆網絡支付交易來得一波三折。根據支付寶公司公開的史料，2004 年 10 月，一個西安的買家想從一個東京的賣家那裏買一部二手數碼相機，已經把錢打到支付寶上了，但很快又反悔了。客服小二打了好幾通電話，表示「如果有問題，我用工資賠你」，終於拿下這第一筆交易。這筆中國電子商務里程碑式的訂單花了整整一天的時間才完成。這張交易單也一直被掛在支付寶總部杭州黃龍時代廣場一樓的大廳。

正是從那時起，我國的電子商務駛入了高速發展的快車道，相伴而生的金融創新開始享受互聯網帶來的高光時刻。

7.1.3　改變的力量

2008 年，全國都在討論移動支付這件事。作為最早開始提出具體標準的公司，中國銀聯和中國移動展開了漫長而又激烈的「爭奪戰」。2009 年，中國銀聯推出了移動支付 NFC 標準，中國移動則推出了 RFID（射頻識別）移動支付標準。

標準之爭沸沸揚揚，但後面發生的事情卻出乎大家的意料。2011 年 5 月 26 日，支付寶公司獲得了中國人民銀行（央行）頒發的國內第一張支付業務許可證。從那以後，網絡支付給我們的生活帶來了極大的變化，上網、購物、出行、用餐、訂票、交水電氣費……動動手指就能享受到的便利和欣喜讓網民們雀躍不已。一張小小的牌照開啟了通往互聯網金融時代的大門。

7.2　互聯網金融開啟創新時代

2012 年 4 月 7 日，時任中國投資公司副總經理的謝平教授在中國金融四十人論壇上首次提出了「互聯網金融」這個概

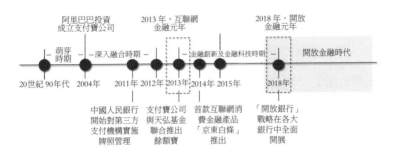

圖 7-1 互聯網改變金融的發展歷程

念。當時國外並沒有這一概念,常提到的是數字金融或者金融科技。那一年的中國互聯網正處於前所未有的大發展時期。不過,互聯網與金融結合的歷程早在 20 世紀 90 年代就開始了,如圖 7-1 所示。

7.2.1 萌芽時期

20 世紀 90 年代起,互聯網技術高速發展並不斷向交通、通信、商業和金融等領域擴散。國內銀行業金融機構推出了網上銀行產品,並開始在資金清算、風險管理等方面應用互聯網技術。但是,客觀而言,這一階段的互聯網金融還處於比較初級的階段,只是體現為銀行機構把互聯網作為一種技術手段,把傳統的銀行業務搬到互聯網上,並沒有出現真正的互聯網金融創新,也完全沒有達到互聯網與金融業緊密融合的程度。

7.2.2   深入融合時期

這一時期以網絡支付或第三方支付的出現為代表，互聯網與金融的結合從技術領域上升到金融業務領域，互聯網金融的形式更加多樣化。2010 年《非金融機構支付服務管理辦法》頒佈以及 2011 年中國人民銀行開始對第三方支付機構實施牌照管理，意味着國家開始考慮互聯網金融規範化發展的問題。但總體而言，這一階段我國互聯網金融的發展還沒有產生普遍性的影響，機構數量及資金規模等方面的體量都較小，互聯網金融還沒有帶來具有里程碑意義的變革。

7.2.3   金融創新及金融科技時期

1. 第三方支付的崛起

經過之前長達十幾年的鋪墊，2013 年，互聯網開始真正發力，結合技術的力量與對用戶行為的改變，越來越深入地滲透到金融業的業務內核中。

2013 年也被視為我國互聯網金融發展的元年。2013 年 6月 13 日，阿里巴巴旗下的支付寶公司與天弘基金聯合推出了一款基金理財產品「餘額寶」。上線不到 6 天，用戶數就突破了 100 萬；一個月內，用戶數達到 250 餘萬，累計交易金額 66億元。

餘額寶之後，各大互聯網公司紛紛推出各種「寶寶」類移動端理財產品。這類產品帶來的最重要的改變是，人們的理財行為和習慣發生了質的變化。從校園的學生到都市的白領，伴隨互聯網的發展成長起來的一代很快就接受了新的理財方式：在手機端隨時隨地理財。從幾千元錢的零花錢到幾萬元甚至幾十萬元的活期存款，都可以通過手機 App 理財，每天的收益實時顯示，讓茶餘飯後多了「今天的理財收益可以支持中午多吃一個雞蛋」之類的話題。

用戶行為的小小轉變，帶來的結果是銀行的活期存款大量向移動端 App 轉移，截至 2018 年 11 月，餘額寶規模已經達到 1.1 萬億元，佔全國貨幣基金總量的 23.4%（見圖 7-2）。

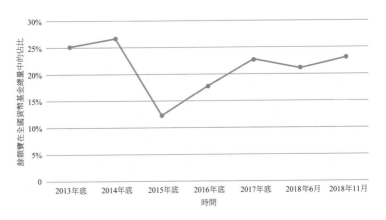

圖 7-2　餘額寶在全國貨幣基金總量中的佔比統計
（來源：中國基金業協會、天弘基金）

在這一階段，互聯網對金融業的改變從量變引起質變，傳統銀行的營業方式也發生了根本的改變。

銀行的櫃台業務明顯萎縮，從 2013 年開始，銀行業務平均離櫃率已經超過 60％，到 2018 年，接近 90％的業務已經不用再去銀行櫃台辦理（見圖 7-3）。以前總是人滿為患的銀行服務大廳日漸冷清。

2018 年 4 月，我國首家無人銀行於中國建設銀行上海九江路支行正式亮相，營業廳內沒有大堂經理等工作人員，顧客通過機器人自助服務辦理業務。傳統銀行已經在用戶端明確體現出時代的改變，並主動擁抱互聯網帶來的技術變革。

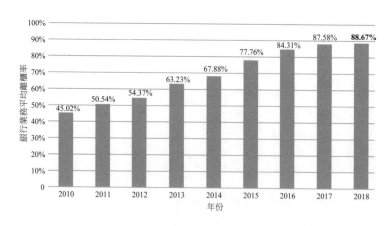

圖 7-3　2010—2018 年銀行業務平均離櫃率
（來源：歷年的中國銀行業服務改進情況報告和中國銀行業發展報告）

2. 金融科技時代的到來

「寶寶」時代之後，技術、數據、用戶基礎已經趨於成熟。互聯網開始全面進入金融產品和服務的底層，而不再僅僅是金融產品銷售的平台和渠道。大數據等新技術的應用推動了金融科技時代的到來，用科技改變了金融產品的運作機制。

大數據帶來的信用新解

以消費金融為例，銀行在做傳統的消費者授信時，通常都會進入徵信系統調用消費者信用記錄。但截至 2013 年底，我國尚有 4 億用戶的信用記錄為空白。此外，在互聯網進入金融領域之前，消費金融領域的主流消費集中在房貸和車貸兩大領域。對於普通的消費貸來說，低額消費貸每次的授信成本和時間成本都相對較高，很難形成規模。在此背景下，互聯網公司的優勢凸顯出來。

首先，大的互聯網公司經過多年的數據積累，已經具備了非常成熟的用戶數據基礎，用戶數量（見圖 7-4）和用戶數據維度的豐富度都已經超越傳統銀行。例如，電商平台通過多年對用戶消費記錄的分析，可以精準定位出購買能力、償還能力、品類偏好等細粒度的消費者標籤，形成立體化的用戶畫像。這樣的畫像有助於全方位地了解用戶及用戶需求。

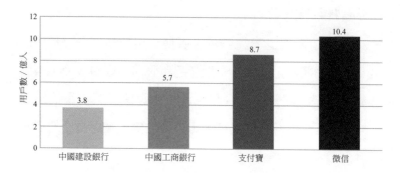

圖 7-4　2017 年部分傳統銀行、支付寶、微信的用戶數對比
（來源：《中國建設銀行股份有限公司 2017 年年度報告》《中國工商銀行股份有限公司 2017 年度報告》、支付寶財報、微信財報）

其次，技術條件已經成熟。互聯網公司通過大數據等新技術的深度應用，已經能夠在一定程度上釋放出數據的力量，構建出與傳統銀行完全不同的大數據風控體系；同時，在每一天、每一筆交易的過程中不斷測試和完善，開始 7×24 小時的不斷迭代。

最後，互聯網服務的規模效應使得金融服務在觸達中小微用戶的時候，不再受到成本的限制。當花費大量固定成本構建風控模型的過程完成後，無論是服務一萬個用戶，還是一億個用戶，對於互聯網公司來說，邊際成本都趨近於零。

案例

京東白條：「風控超腦」完成 5 億用戶的信用評估

2014 年 2 月，京東數科推出的「白條」成為業內首款面向個人用戶的互聯網消費金融產品，其主要模式為通過大數據進行信用評估，為信用等級高、消費需求大的用戶提供信用付款服務，讓用戶可以享受到「先消費、後付款，實時審批、隨心分期」的消費體驗。這一模式有效地連接了用戶和場景，使小額、分散的用款需求得到滿足。

京東白條在授信、風控兩個環節充分發揮科技優勢。在授信方面，基於京東商城體系的數據積累，深度挖掘用戶的信用情況和購買能力，形成用戶畫像，據此建立起授信政策體系。相比傳統銀行，京東白條可以在用戶在線實時完成申請後 1 秒授信，極大地降低了運營成本，節省了傳統銀行物理網點、人工審核、實體介質、營銷人員的成本，從而幫助用戶以更低的成本獲得更加便利的金融服務。在風控方面，京東通過數據和技術建立起獨有的風控體系和高效的風險管理模型，例如，應用於京東金融的「風控超腦」，組成了覆蓋數據、模型、策略、系統等全方位的

風控體系。在「風控超腦」的支持下，京東數科實現了對 5
億用戶的信用評估，有效助力京東白條、金條等消費金融
業務的資產不良率處於行業較低水平。

2015 年，京東白條打通了京東生態體系內的線上消費
場景，涵蓋了眾籌、全球購、京東到家等。同時，「白條」
走出京東，佈局京東體系外更多的消費場景，覆蓋裝修、
租房、車險、駕校等大眾消費領域，為用戶提供了信用貸
款分期服務。

案例

螞蟻花唄：「本月花，下月還」拉動消費繁榮

螞蟻花唄是螞蟻金服於 2015 年 4 月推出的一款基於互
聯網的消費信貸產品。用戶申請開通螞蟻花唄之後，即可
享受 500～50 000 元的消費額度。用戶產生消費時，可以預
先使用螞蟻花唄額度進行支付，本月花，下月還，按時還
款，還不收手續費。它的口號為「餘額不夠照樣買買買」，
符合當下年輕人提前消費的理念。據統計，螞蟻花唄的用
戶中，90 後佔 33％，80 後佔 48.5％，70 後佔 14.3％。

螞蟻花唄的授信額度是動態變化的，這也是基於互聯

網的消費信貸產品的優勢所在。螞蟻花唄可以及時地根據用戶的歷史消費情況和歷史還款情況，結合風險模型，通過大數據計算出適用於當前用戶的授信額度。如果當前用戶行為良好，則可提升額度；反之，則降低額度。

在上線之初，螞蟻花唄主要用於淘寶、天貓購物平台，之後便擴展到更多的線上線下消費場景中，甚至走出了阿里系平台，服務於更多的外部消費平台：生活服務類平台，如美團網、大眾點評網等；電商平台，如蘇寧易購、唯品會等；3C 類商城，如小米商城、OPPO 商城等。

2018 年，螞蟻花唄用戶數量已經破億，其中超過 99％的用戶能夠按時還款，2017 財年不良率低於 1％。螞蟻花唄用戶每月平均借款為 700 元，截至 2017 年 6 月，螞蟻花唄發放的消費性授信融資餘額共計 992.1 億元，其中賬單分期 893.24 億元，交易分期 98.86 億元。

螞蟻花唄的用戶主要為中低消費人群，而此類人群在傳統金融機構很少會產生信貸行為。據統計，螞蟻花唄用戶中，70％的人從未辦理過信用卡，也不了解信用卡複雜的還款規則。螞蟻花唄的出現在很大程度上緩解了這類消費人群的消費壓力，並釋放其消費潛力，為互聯網消費金融的繁榮發展助力。

協同發展時代：普惠金融有了技術抓手

中小微企業的金融服務是全球可持續發展的難題。服務中小微企業的普惠金融也因為大型互聯網公司的加入而有了技術抓手。

根據世界銀行在 2018 年初公佈的調研數據，中國的中小微企業數量達到 5600 萬，潛在融資需求達 4.4 萬億美元，存在1.9 萬億美元的融資缺口，近四成的中小微企業受信貸約束。金融機構對中小微企業的貸款支持力度與中小微企業的融資需求存在較大的不匹配度。

中小微企業普遍存在的運營時間較短、經營風險高、財務賬目不清晰、信用記錄空白等問題是導致融資難的關鍵因素。各大互聯網公司依託自己的資源，針對中小微企業開發出頗具各自生態體系特色的金融服務。

案例

京東數科的供應鏈金融嘗試

京東數科依託京東電商體系及合作公司所積累的大數據基礎，覆蓋了很多傳統金融機構觸達不到的群體，極大改善了中小微企業長期面臨的融資難、融資成本高的狀況。

京東數科的供應鏈金融用技術挖掘小微企業的隱形資產，破解小微信貸痛點。通過大數據挖掘和分析能力，量化、控制各個節點上的信貸風險。它可以通過數據將小微企業的供應鏈狀況可視化，包括採購貿易環節、即時生產狀況、貨物銷售路徑等，來評估其風險特徵以及供應鏈的各個節點狀況；通過大數據分析建模，準確地對質押物的價值進行評估，挖掘其經營狀況、商業信譽、合作夥伴關係等隱形資產，進行精準放貸，做好後續的風控。

京東數科的供應鏈金融旗下有京保貝、京小貸、物流金融、企業金采、京東e享等多款中小企業信貸產品。其中，京保貝是京東數科的供應鏈金融推出的第一款產品和保理業務，基於企業的應收賬款，給予對價的融資額度，企業可以在額度範圍內申請融資，到期還款。京小貸則是針對京東平台上的第三方商家推出的可訂製的信用貸款產品。

截至 2018 年初，京東數科的供應鏈金融累計服務 20 萬家中小微企業，累計放款總額近 5000 億元。

大數據和新技術是帶來巨大回報的金鑰匙

在財富管理和投資領域，互聯網帶來的海量數據以及大

數據等新技術的應用，無疑是給信息時代金融投資帶來超額回報的金鑰匙。以華爾街為首的機構投資者都基於數據，利用前沿技術構建、量化投資模型。社交數據、情緒數據等非常規的數據也越來越受到重視。牛津大學等的諸多前沿研究者開始不斷探索，用這些非常規數據來提升量化投資模型的精度。

在資產證券化領域，資產支持證券（Asset-Backed Securities，ABS）產品一向是全球財富管理公司較為青睞的產品。然而，2008 年，由底層資產不透明的次級貸款引發了全球金融危機，讓大家對 ABS 產品談虎色變。但不可否認的是，ABS 產品通過證券化的方式大大提升了房產、地產等流動性相對較差的資產的流動性；同時也將資產細分為更小的單元，降低了交易的進入門檻。

形象一點來說，一個普通的投資人，可能買不了房子，但是可以通過交易，將房產的 ABS 產品作為底層資產，從而享受到房產增值帶來的收益。資金有限，買不了整個房產或者地產，但是可以通過 ABS 將底層資產切分成多份，每一份的投資門檻則會降低很多。

ABS 產品之所以成為 2008 年金融危機的元兇，是因為次級貸產品經過華爾街的層層包裝，普通投資人已經完全看不到底層資產究竟是什麼。而近年來大熱的區塊鏈技術剛好能夠和

金融產品對透明度的需求以及要求信息不可篡改的信任需求相匹配。

案例

區塊鏈在京東資產證券化雲平台中的應用

京東數科已將區塊鏈技術應用到京東資產證券化雲平台（簡稱 ABS 雲平台）上，有效地保證了底層資產數據的真實性與不可篡改，從而提升了機構投資者的信心，降低了融資難度。

京東資產證券化雲平台中，區塊鏈可全流程貫穿 ABS 落地交易的各個階段。在 Pre-ABS 底層資產形成階段，可以做到放款、還款現金流和信息流實時入鏈，實現底層資產的真實防篡改。同時，各類盡職調查報告、資產服務報告通過智能合約自動生成。在產品設計和發行階段，交易結構和評級結果由評級公司和券商確認後共識入鏈；將投資人的身份及認購份額登記入鏈；交易所從鏈上獲取全部申報信息，將審批結果入鏈。在存續期管理階段，回款數據，循環購買數據，資產贖回、置換和回購數據，這些數據均可入鏈，並生成資產服務報告。在二級市場交易階

段，交易雙方可從鏈上獲取證券底層的現金流信息，進行實時估價；投資人可通過交易撮合智能合約，在鏈上完成證券所有權的轉移。

由此可見，ABS 全流程解決方案從提高收入、降低成本和提升效率 3 個維度體現了其價值：對投資方而言，全流程解決方案降低了 ABS 產品對應底層資產的信用風險，豐富了其投資收益的來源，並減少了投後管理的成本；對資產方而言，全流程解決方案進一步拓寬了融資渠道，降低了融資成本和風控運營成本，促進了信貸業務管理流程標準化，縮短了融資交易周期；對服務方而言，降低了投後管理人力成本，使得資金分配流程更加高效。

金融科技時代，科技在各個金融細分領域與金融產品深度結合，改變了金融產品的價值鏈。互聯網金融時代，互聯網公司和金融公司正面搶奪用戶；而金融科技時代，科技與行業的協同體現得更加明顯，可通過科技的降本增效創造出更多的價值，實現科技公司與金融公司的利益共贏。

7.2.4　開放金融時期

從觀望試探，到實踐先行，再到主動開放、合作共贏，

互聯網的出現給我國金融業帶來了深遠的影響。在這個過程中，我國金融業的改革經歷過混沌和迷茫。但金融業的供給側改革勢在必行，隨着監管力度的不斷加強和心態的不斷開放，一個開放的、充滿科技感的金融業正展現在我們面前。

1. 開放銀行成為必然趨勢

2018 年為開放金融元年，以開放銀行為代表的金融服務方式將場景融入消費的方方面面，金融、互聯網融為一體，你中有我，我中有你。

互聯網觸達用戶的能力在各個應用場景中不斷下沉，線上和線下服務的邊界也越來越模糊，在多數場景之內，消費與金融服務已經可以做到完全無感地融合。銀行通過開放式 API、SDK[1] 等技術方式將金融服務向合作夥伴乃至客戶開放，為用戶提供全方位的金融服務。

銀行回歸金融服務的本質，同時也越發擺脫場所的局限。例如，用戶通過電商平台購物，其中有很多環節與金融服務相關。之前，可能只在支付環節中會涉及金融機構。而隨着互聯網服務與場景的緊密嵌套以及金融服務的不斷前置，銀行

1　API 即 Application Programming Interface，應用程序編程接口。SDK 即 Software Development Kit，軟件開發工具包。

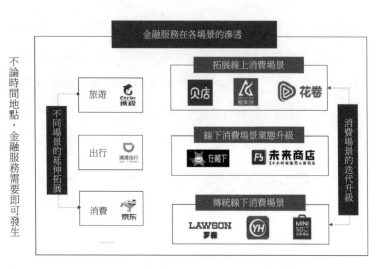

圖 7-5　金融服務在各場景的滲透

可以通過開放式 API、SDK 等技術將自己的後台金融服務（如
賬戶查詢、消費貸款、理財等）向電商平台開放。金融服務在
各場景的滲透如圖 7-5 所示。對於用戶來說，可以在電商平台
直接獲得金融服務。而對於銀行來說，越來越多的嵌入場景
的機構都可以成為合作夥伴。銀行的服務已經不再拘泥於場
所，而是根據場景不斷進化。

　　銀行在整體服務鏈條中越來越向後置，通過開放自身金
融服務接口給第三方使用，正向着開放銀行進化。各大傳統銀
行的開放銀行進度如表 7-1 所示。

表 7-1　各大傳統銀行的開放銀行進度列表

銀行	進度
中國農業銀行	2011 年 5 月，發佈總行開放平台開發、測試環境管理流程手冊。2018 年 1 月，發佈開放平台硬件資源配置項目的招標公告
中國建設銀行	2018 年 8 月 25 日，正式推出開放銀行平台，該產品具有聚合支付、e 賬戶等部分功能。平台通過開放接口的方式，為第三方根據其應用場景需求進行二次開發提供了可能和便利。2019 年 2 月，對外開放所有的服務功能
中國工商銀行	2018 年 8 月末，提出向開放銀行轉型，開始全面實施互聯網金融戰略
中國銀行	2012 年，提出開放平台概念。2013 年，正式發佈中銀開放平台，並對外開放接口
交通銀行	2012 年，進一步實現開放平台數據庫系統的雙中心試點運行。2017 年，建立開放平台，實現了對外渠道整合等功能
招商銀行	2018 年 9 月 17 日，上線兩款 App 產品，打破封閉用戶體系，支持綁定多家銀行卡

2. 從用戶找服務到服務找用戶

開放金融的核心是用戶權力的提升，即金融服務真正以用戶為中心進行組織。

隨着用戶權力的不斷提升，金融服務進一步向用戶需求聚集，體現在服務內容和服務渠道兩個方面：一方面是基於用戶需求，服務的供給不再是千篇一律，而是針對用戶特徵的差

異化與個性化服務；另一方面是金融服務渠道的場景化融合。場景化的核心實際上是以用戶為中心的模式的進一步深化，即以非特定的用戶為中心向更加精準的用戶使用場景發展，不再是用戶找服務，而是服務找用戶，讓用戶在需要時「隨手可得，隨時可用」，既包括線上應用入口場景化融合，也包括線上、線下場景的打通與融合，進一步降低了用戶獲取金融服務的成本和門檻，提升了用戶使用的體驗。

3. 重構金融價值鏈

開放金融更多的是金融服務供給側的變革，但其核心目的是構建以用戶為中心的金融服務供給體系。開放金融的發展主要體現為，在金融服務價值鏈重構的過程中，各類金融服務機構在用戶、渠道、服務、技術等方面的開放與融合。

用戶方面

開放金融時代，藉助於互聯網高效的連接能力，用戶的場景遷移非常容易。金融服務機構無法再利用地域限制等分割、壟斷用戶的金融服務。針對用戶的金融服務不再局限於單個的服務機構，而是根據場景不斷變化。在這種情況下，金融服務機構需要建立開放的賬戶體系，根據用戶及用戶場景的變化進行賬戶體系的開放融合，才能為用戶提供更加豐富、統一、優質的金融服務。

渠道方面

金融服務機構之間的渠道入口會相互融合。許多機構仍會保留自己的獨立應用入口，並在這個入口中提供全面的服務功能，但會將一部分服務功能嵌入其他應用，特別是在用戶的生產、消費、娛樂等場景應用中，即體現為渠道的場景化。用戶在少數自己偏好的核心應用或場景應用上能方便地獲取各類服務，從而能夠以較低的成本獲得較好的體驗。

服務方面

開放金融時代，在數字科技的驅動下，金融服務的效率和水平不斷提高，不同類型的機構基於比較優勢的不同產生專業化分工。許多機構仍然會保留完整的服務鏈條環節，但不同類型的機構需要基於自身的比較優勢，更加專注於某些鏈條和環節，才能提供具有競爭優勢的服務，在價值鏈重構的過程中佔有一席之地。專業化分工的下一步，是金融機構、科技服務公司、用戶場景機構等不同類型機構的融合創新，目標是創造和提供更為優質的金融服務。

技術方面

以上幾個方面的開放融合都需要開放式技術體系的支撐，例如開放性的賬戶體系、標準化的接口技術、場景化的服務方案、開放性的核心繫統等。構建開放式技術體系，必須

藉助大數據、雲計算、人工智能、物聯網等前沿數字科技手段，才能有效提高金融服務的效率水平。數字科技是開放金融發展的重要驅動力，金融服務在數字化、線上化轉變後，才能藉助開放式 API、SDK、H5[1] 等技術進行融合創新。

從全球趨勢來看，新的開放金融時代已經來臨，無論是互聯網公司向金融公司靠近，還是金融公司主動向互聯網公司購買科技服務，開放金融會從根本上改變銀行服務用戶的方式。特別是當 90 後的「數字原住民」逐步成為經濟社會的主體，這種趨勢將更加顯著。在這個過程中，傳統金融機構既需要從技術上進行開放革新，更需要在管理體制上進行變革，才能真正迎接和適應這種變化，保持持續的競爭力。

7.3　監管掌舵：踏上有序發展的道路

傳統金融業需要革新，對於新生的互聯網金融而言，則需要有序的引導和監管。

央行走的第一步是發放牌照，隨後陸續出台細分業務領

1　H5 即 HTML5，第 5 個版本的「描述網頁的標準語言」，常用於在網絡上進行品牌推廣和商品展示。

域管理辦法、逐步向第三方支付企業開放傳統金融領域支付結算業務等一系列動作，也給市場釋放了明顯的信號。在完善監管、細化市場的同時，包括支付企業、傳統銀行、互聯網巨頭、電信運營商在內的業態格局已經逐漸形成，互聯網金融有了具體的實施對象。

　　從市場中發現問題，再解決問題。監管的藝術還催生了創新型的產品。2013 年，隨着電子商務的普及，趴在數量龐大的網民賬戶裏的餘額開始受到關注。這麼大量的資金放在第三方支付公司，引起了監管機構的關注。餘額寶的誕生讓互聯網理財在短時間內吸引了大量資金的湧入，給公募基金帶來了活力。新事物的誕生也帶來了競爭。「寶寶」類產品的熱賣讓傳統金融業明白了互聯網的能量，互聯網金融的競爭正式走向白熱化，各種「互聯網＋金融」產品遍地開花：利用互聯網平台銷售的萬能險，扛起佣金戰大旗的互聯網券商，打出人工智能牌的智能投顧⋯⋯

　　來自最高監管層的發聲既肯定了互聯網金融的意義，也為前進的道路指明了方向。2015 年 3 月，政府工作報告中兩次提到互聯網金融，同年 7 月，中國人民銀行等十部門聯合印發《關於促進互聯網金融健康發展的指導意見》，首次明確了互聯網金融的概念，劃分了各個互聯網金融形態的監管職能

部門。2016 年，網貸進入真正意義上的「監管年」。3 月，中國互聯網金融協會成立，這是首個國家級的互聯網金融行業協會；8 月，《網絡借貸信息中介機構業務活動管理暫行辦法》由銀監會正式發佈，正式出台規範 P2P 網貸平台的業務活動的管理文件。

2017 年 12 月 8 日，P2P 網絡借貸風險專項整治工作領導小組辦公室下發《關於做好 P2P 網絡借貸風險專項整治整改驗收工作的通知》（57 號文）。通知要求各地把握工作進度，逐步完成備案：2018 年 4 月底之前完成轄內主要 P2P 機構的備案登記工作；對於違規存量業務較多，難以及時完成處置的部分網貸機構，應當於 2018 年 5 月底之前完成相應業務的處置、剝離以及備案登記工作；對於難度極大、情況極其複雜的個別機構，最遲應當於 2018 年 6 月末之前完成相關工作。另外，對債權轉讓、風險備付金、資金存管等 11 項關鍵性問題做出進一步的解釋說明。

無規矩不成方圓。大起大落、拓荒多年的互聯網金融在兩年的嚴監管之後開始有序生長。「金融的歸金融，科技的歸科技。」因互聯網的高速發展而改變的金融業終於踏上了有序發展的道路。

尾聲

　　一個是嚴謹穩重的國之重器，一個是快速迭代的新生利器，金融和互聯網相遇的一剎那，已經預示了互聯網金融將區別於其他行業，面對更複雜的市場環境，迎接更大的監管挑戰。

　　我國的金融業改革走出了一條漂亮的創新之路。在移動支付領域，一部手機走遍全球的背後，是完善的手機支付、網絡支付技術和覆蓋率極高的營銷網絡。直接從信用卡時代進入移動支付時代，互聯網為這種跨越式發展提供了機遇。科技驅動下的消費金融和供應鏈金融，能夠實現大數據徵信、秒級放貸、7×24 小時服務、場景無感融合等，金融服務的成本效率大幅提高，用戶體驗也大為提升。新一代的人工智能、大數據、區塊鏈、雲計算等技術，正逐步滲入金融業的方方面面。

　　相比世界上的很多國家，我國正在經歷速度更快的數字化進程，創新步伐備受世界關注。互聯網帶來的中國金融業創新的經驗可為全球所借鑒。

第八章

互聯網帶來可持續發展
的新路徑

本章導覽

互聯網及相關技術的不斷發展，深刻影響着農村、農業以及農民的生產生活方式，基於互聯網的各種科技產品已經成為農村地區走可持續發展道路性價比最高的投資之一，在經濟、生產、生活的方方面面改善着農村的狀況。

金融資源配置的不平等是導致城鄉貧富差距的一個重要原因。互聯網及相關技術除了能提升金融服務的效率，還能開發新的商業模式，讓缺少抵押物和徵信信息的農民也可以獲得貸款，從而提升金融服務的公平性，有利於縮小城鄉之間的發展差距。

互聯網特別是移動互聯網的發展，給農村的生產生活帶來許多新的改變。例如，依靠互聯網連接農村與城市，可助力「農民離土不離鄉」；藉助社交軟件構建網絡社群，可實現高效交流共享；利用互聯網平台，可助力農村地區的文化凝聚和經濟發展。

互聯網向第一、第二、第三產業滲透時，和第一產業的結合最為艱難。互聯網領軍企業在通過互聯網技術釋放科技力量、提升農業生產效率方面做了不少嘗試，一些領域的探索已經較為成功。

引言

　　2015 年 9 月 25 日，聯合國 193 個會員國在可持續發展峰會上正式通過 17 個可持續發展目標，旨在解決社會、經濟和環境三個維度的發展問題。這 17 個可持續發展目標已經成為 2015—2030 年的全球發展工作指導綱要，其中多個目標與農村的脫貧和可持續發展緊密相關。

　　農村脫貧和可持續發展是相當複雜的問題，如何發展農村農業、提高農民的生活水平、減少資源配置的不平等、縮小農村和城市之間的發展差距等，是世界各國共同面臨的難題，這些難題的解決也必然是綜合性的系統工程，需要眾多的參與者從各個方面出謀劃策，共同努力。

　　到 2018 年，我國的常住人口城鎮化率僅為 60％，而城鎮戶籍人口比例只有 43％，農村戶籍人口比例仍然高達近 60％，人口總數接近 8 億，如何解決「三農」（農村、農業、農民）的發展問題是一個重大課題。我國作為發展中國家的代表，「三農」問題的解決將為全球不發達地區解決此類問題樹立樣板。

　　互聯網及相關技術的不斷發展，不僅推動城市居民的生活和產業發生了巨大的改變，實際上也在深刻影響着農村、農

業以及農民的生產生活方式。基於互聯網的各種科技產品已經成為農村地區走可持續發展道路性價比最高的投資之一，在經濟、生產、生活的方方面面改善着農村的狀況。

8.1　互聯網保障農村生產服務

金融資源配置的不平等是導致城鄉貧富差距的一個重要原因，但受限於成本、效率、能力等各方面因素，農村地區獲取金融資源服務一直是個難題。

獲得 2006 年諾貝爾和平獎的穆罕默德‧尤努斯，在孟加拉國從事了多年脫貧工作研究。他看到農村最貧困家庭從高利貸者手中借款，從事一天的辛苦勞作之後，賺的錢絕大部分都用來還貸。尤努斯認為，解決農村貧困問題的方法之一，是讓這些貧困的人能夠有辦法享受到價格合理的金融服務，得到自己事業的啟動經費。

他為此創立了格萊珉銀行，給那些無房無產的窮人貸款。借款者由 6～8 人構成「團結小組」，相互監督貸款的償還情況。2011 年，格萊珉銀行已成為孟加拉國最大的農村銀行，有 650 萬的借款者，為 7 萬餘個村莊提供信貸服務。格萊珉銀行的償債率高達 98%，足以震撼任何商業銀行。

　　我國農村的金融服務水平也遠不及城市。據央行統計，截至 2017 年底，農村地區每萬人擁有的銀行網點數量為 1.3 個，低於全國平均水平（1.59 個）；全國平均每萬人對應 6.95 台 ATM 機，農村地區僅為 3.89 台。其次，雖然農村地區金融機構數有所增加，但其金融服務能力與城市金融機構有一定差距。我國尚有數億的信用空白用戶，這些用戶大多聚集在農村，群體數量大且較為分散，加上信用體系未能全面建立，徵信難度大，違約概率相對較大，追責成本相對較高，由此，農村成為傳統金融機構的信用服務盲區。

　　從農村金融服務發展的難點來看，信任機制和成本約束是制約農村金融普惠化的兩大障礙。一方面，貸款前，農民缺少抵押物和徵信信息，導致傳統金融機構沒有渠道獲得農民的信息；貸款後，有些農民將生產性貸款用於生活消費，使得還貸無望，這些都說明傳統農村金融嚴重缺失信任機制。另一方面，金融機構的運營成本居高不下，農村金融業務小而分散，往往信貸的收益都不能覆蓋信貸的人工成本，這就大大增加了傳統金融機構的負擔。

　　互聯網及相關技術除了能提升金融服務的效率，還能開發新的商業模式，讓缺少抵押物和徵信信息的農民可以獲得貸款。這些新的模式能夠更好地滿足農村地區的金融需求，提升

金融服務的公平性，有利於縮小城鄉之間的發展差距，從而成為解決農村金融服務難題的有效途徑。

數字農貸

京東金融的數字農貸模式以農業生產數據為信用，打破了傳統信貸依靠抵押物和徵信的邏輯，具有高效率、低成本、可複製的特點，將普惠金融的觸角延伸到廣大農村地區，對於增強金融服務實體經濟能力和落實中央「鄉村振興」戰略，具有一定的理論價值和現實意義。

（1）數字農貸模式的典型案例

2017 年 3 月，隨着環保標準的不斷提高，為保證企業的可持續發展，山東省新泰市宏成畜禽養殖專業合作社（以下簡稱宏成）流轉土地 2200 畝（約 147 萬平方米），計劃建立規範化的養殖場。合作社抽出部分流動資金用於自養場的建設，此外，養殖戶苗款、飼料款和獸藥款全部由合作社墊付，這使得合作社流動資金不足，急需貸款。京東金融依託數字農貸模式對宏成授信養殖貸 2000 萬元，授信期限 14 個月，單筆貸款期限不超過 60 天，不僅滿足了企

業的融資需求，還帶動了當地畜禽養殖行業的轉型升級。截至 2018 年 8 月，數字農貸項目上線一年多以來，已在山東、河北、河南等地與近 200 家合作社合作，累計放款幾十億元，不良貸款率為零。

（2）數字農貸模式的實施過程

數字農貸模式在貸前、貸中和貸後各環節都運用了數字化技術進行風險管理和生產管理。

在貸前階段，該模式通過深入學習農業養殖技術，採集農戶歷史生產數據，量化所有可能產生的風險，構建基於大數據的風控模型，根據預測的未來生產結果數據對農戶進行授信。

在貸中階段，該模式利用金禾穗雲管理系統，基於養殖數據進行高頻、分散、循環的放貸。數字農貸的貸款並不會一次性發放，而是對生產過程進行全程跟蹤，並根據實際生產需求，定時、定量地匹配資金。以養雞行業為例，肉雞的養殖周期大約為 42 天，每隻肉雞需要 12 元的飼料款。數字農貸按照養雞戶在各養殖環節的實際需求，分批將資金支付給上游飼料供應商，飼料供應商收到資金後為農民提供飼料。這種放貸方式使得養雞戶在養殖周期中，僅需為每隻肉雞的飼料款支付 6 分錢的利息，

避免了對閒置資金付息，使用成本比傳統貸款低了近一半，而且農民也省去了自己購買飼料的麻煩，可以專心進行養殖管理。

在貸後階段，該模式應用智能監控系統，將風險管理和生產管理有機結合。該系統能夠實現對棚舍濕度、溫度、飼料投放等指標的實時監控，從而實現對養殖異常情況的識別預警。可以這樣說，數字農貸並不局限於對農戶授信貸款，而是以此為起點，繼續幫助農戶做養殖管理，對生產過程進行全程數字化監測，為養殖戶提供免費的養殖管理系統、監控系統、物流管理系統等，幫助其建立一套集物流管理、信息流管理和資金流管理於一體的現代化農業養殖管理體系。

（3）數字農貸模式的優勢

首先，數字農貸模式解決了農村金融的可獲得性難題。如前所述，農戶缺乏合法有效的資產擔保，在信用評估中信用級別較低，使得金融機構不敢隨意貸款給農戶，導致農戶越來越遠離傳統金融服務體系。數字農貸模式通過對農業生產養殖過程的深入研究，建立了數字化的量化模型，基於該模型和農戶歷史養殖數據對農戶授信。

其次，數字農貸模式解決了農村金融的信任難題。

傳統農村金融的風險控制一直是難以逾越的鴻溝。數字農貸模式一方面利用量化模型測算每一筆貸款的風險，在農業生產過程中做到對風險的實時監控，大大提高了貸款人在諸如虛構背調信息等方面的成本，使得騙貸變得「不經濟」；另一方面，將信貸資金精準投放到農業生產的各個環節，並不與農戶直接發生資金交易，徹底解決了農村信貸中將生產性貸款挪用於生活消費這一「死穴」問題，極大降低了農村金融的信任風險。

再次，數字農貸模式解決了農村金融的運營成本難題。一方面數字農貸降低了農戶的資金使用成本，分時分批放貸使得農戶只需為每一環節的貸款付息，而無須承擔所有貸款在全周期中的使用成本；另一方面，數字農貸極大地降低了單戶的信審成本。農村信貸小而分散的特點，決定了傳統機構開展農村金融業務所取得的利差收入很難覆蓋信審成本，數字農貸在前期投入固定成本搭建數字化的量化模型，使後期單個農戶信審的邊際成本幾乎降為零。因此，數字化技術在農村金融中的應用減少了金融服務提供方和獲得方的成本。

最後，數字農貸模式解決了農業生產的管理水平難題。數字農貸模式將農業生產管理與資金管理、風險管理

有機結合起來，比如數字農貸在幫助養雞戶管理信貸資金的同時，還幫助農民管理棚舍溫度、養殖環境、飼料投放量、出欄時間等，提高了養殖的水平和效率。

數字農貸模式「對事不對人」（即依靠農業生產經營的數據和概率）的信貸邏輯，不僅降低了農村信貸的成本，更促進了農業生產關係和生產力的改造提升。在發展規模化、集約化農業生產的今天，數字金融極有可能是促進小農戶融入現代農業的重要路徑。

8.2　互聯網給農村生活帶來創新

互聯網特別是移動互聯網的發展，正給農村的生產生活帶來許多新的改變。網絡基礎設施不斷發展，智能手機價格越來越親民，網絡覆蓋率也越來越高，推動了移動互聯網的高速發展。與 PC 互聯網相比，移動互聯網真正突破了時空限制，「一人一機」即可實現更加高效精準的連接與服務。移動互聯網的發展從根本上改變了人與人之間的連接模式，實現了更加高效的信息連接與共享，從而不斷改變人們的交流以及生產、生活方式。

8.2.1　助力「農民離土不離鄉」

我國社會學家費孝通先生終其一生研究我國的城鄉問題，提出我國農村發展應當「離土不離鄉」，尊重農村人的智慧，尊重農村傳承千年的生活方式。我國農村當前發展的很大問題在於中空的人口結構，青年人多選擇外出打工，留守兒童和老人相互依存成為常態。如果讓農村人口在家鄉附近順利就業，就能增強農村的凝聚力，讓城市和農村的發展能夠形成費孝通先生提出的城鄉二元結構——兩者相互連接又各自不同。

我國作為一個農業大國，互聯網與農業的深度融合促進了生產力的提升，加快了農產品的流通速度，極大地盤活和繁榮了農村市場。互聯網在促進城鄉教育公平和醫療資源均衡方面也發揮了積極作用，在一定程度上解決了城鄉公共服務資源不均衡的問題。互聯網在很大程度上能夠讓已經離開家鄉的農村人通過各種 App 和家鄉人進行實時的情感溝通。同時，互聯網能夠以趨近於零的邊際成本，讓農村人口得到生產、生活所需要的各種信息，享受科技手段帶來的生產、生活質量的提升。而這些只是互聯網助力可持續發展的部分體現。

8.2.2　網絡社群實現高效交流共享

微信這類社交工具經過極大的發展與普及，已經逐步成

為網絡基礎設施的一種形式。一些地區藉助微信這一社交軟件自發地創建各類微信群，通過社交連接更加高效地進行信息的傳遞和溝通。這種創新的方式為解決「三農」問題提供了新的思路和方案。

案例

浙江德清的「鄉村振興群」[1]

浙江德清縣雷甸鎮成人文化技術學校（以下簡稱雷甸成校）的「鄉村振興群」，利用微信群高效地聚集農民及其需求問題，向農民傳遞培訓信息及相關知識，用微信連接各方專家、信息和資源，為解決農民生產生活中遇到的各種問題探索出了新的模式。

（1）農民知識信息獲取的痛點

農民在生產生活中可能會遇到很多問題，需要專業的技術輔導。農村信息基礎設施建設滯後、農民獲取信息渠道不足等帶來信息不對稱問題。農民遇到困難問題時，很

1　案例內容參考《中國教育報》2018 年 8 月 27 日第 1 版的文章《「鄉村振興」群主潘曉利》。

難找到有效渠道以及時獲得專業的信息支持。相關的專業機構由於工具手段的限制，很難了解農民遇到的困難，由於人力等方面的限制，也很難有效地去解決這些問題。

（2）雷甸成校的微信群模式探索

雷甸成校校長潘曉利探索通過微信群來解決信息不對稱的問題。她建了一個「雷甸成校教育信息發佈」的微信群發佈通知，微信群建立後一天就有 200 餘人加入。通過微信群，老師和學員能更高效地溝通，針對學員沒有學透的地方，老師可以第一時間進行微課指導，並且共享各種招工信息。採用微信群的方式大幅提高了培訓效率和培訓質量。

試點成功後，潘曉利不斷進行更多的微信群推廣。幾年下來，根據不同產業、不同年齡、不同需求，潘曉利精準鎖定對象，累計建立 158 個微信群，群友已達 3 萬餘人。以當地的支柱農產品西瓜為例，有培養新型農民的「創意種植群」，有提高西瓜附加值的「瓜果雕刻群」，還有服務普通瓜農的「創業創富群」……

這些群由潘曉利擔任群主，日常管理則由雷甸成校的教師或優秀學員負責，群裏會及時推送各種新政策、致富資訊等。同時，潘曉利還邀請院士、專家、教授前來「傳

經送寶」，請當地的種養殖大戶以「師徒結對」的方式帶領
致富。她還成立了「好幫手」工作室，聚集法律、公安、
衞生、醫療等領域的專業人士，及時幫助農民解決遇到的
問題。

（3）雷甸成校微信群模式的價值

互聯網並非萬能靈藥，解決農村農民的問題仍舊要依
靠潘曉利這群負責任、肯用心、勤勤懇懇的專業人士。互
聯網為他們提供了一種高效的工具，通過建立各種類型的
微信群，將有相關需求和問題的農民聚集到一起，學校與
農民之間、農民與農民之間能夠充分地進行交流討論與信
息共享，大大提升和擴展了信息獲取的效率和邊界，不再
局限於一村一鎮。同時，通過連接各領域的專業人士，利
用互聯網搭建起一個專業資源的聚合共享平台，能夠高效
解決農民在生產中遇到的困難問題，創新生產模式，為農
民提供更好的指導和服務。

8.2.3　平台助力文化凝聚和經濟發展

除了藉助微信等社交工具自發地建立網絡社群、提高知
識信息交流共享的效率外，一些有實力的互聯網公司也在建

立更加完善、綜合的互聯網平台，幫助農村地區實現文化凝聚，以及通過資源連接幫助農村地區發展經濟。

案例

騰訊為村開放平台

為了加強農村的移動互聯網建設，助力「鄉村振興」，2015 年 8 月，騰訊正式發佈了為村開放平台，聚焦「三農」，為農村人口連接情感、信息和財富提供新的手段。

為村開放平台有效地增強了人們的情感連接。在農村，青年外出打工，老人和小孩留守的現象比比皆是。為了增強彼此聯繫，眾多村莊藉助為村開放平台，搭建起自己的「網上家園」，散落在天南地北的村民們、漂泊在外打工的青年們，均可通過網上家園了解家鄉動態和家鄉大事。村民們將一條條動態發佈在「鄉村動態」欄目，這個欄目就像是微信的朋友圈，實時更新村莊的大事小事，大家通過點讚、評論密切地聯繫到一起，天涯若比鄰。

為村開放平台使得村民接收信息更加便利，將鄉村居委會用「大喇叭廣播」的形式改成線上通知村務事宜。

例如，在黨政方面，通過「黨建之家」欄目，村民可以及時接收黨和國家發佈的惠農政策，從而更便捷地獲取政務服務；通過查看黨員日記，村民可以透明地了解村莊的發展信息，監督黨員幹部；通過「書記信箱」，與書記直接對話，向書記諮詢解決不了的問題，不需要層層上報，避免了因流程過長引發矛盾誤會，實現了黨員幹部和群眾點對點聯繫溝通，共同促進鄉村治理「最後一公里」的發展。

為村開放平台利用互聯網助力精準脫貧，有助於提高農村經濟水平。農村種植分散的特點，加之農民獲取市場信息滯後，部分農民盲目跟風種植，極易導致農產品積壓，售賣不暢。為村開放平台搭起了農村與外界溝通的橋梁，幫平台上的每一個農村打造出屬於它們自己的「互聯網名片」。通過「村有好貨」，可以在線售賣當地特色農產品；通過產品推薦機制，可將有特色的優質產品推薦至全國各地。藉助為村開放平台，農村旅遊、民宿等特色產業的發展也日益蓬勃，在帶來經濟收入的同時，也增加了就業機會，使得越來越多的青年人返鄉就業，一定程度上解決了農村空心化、老齡化的問題。

截至 2019 年 7 月 4 日，為村開放平台已推動全國 12 000 餘個村莊上線，250 餘萬村民和 13 萬黨員實名認證加入了自己家鄉的為村開放平台，越來越多的農村享受着為村開放平台帶來的便利。

8.3　互聯網提升農業生產效率

我國農業發展模式陳舊，科技含量低，農業生產長期處於低效運行水平。例如，我國人均耕地面積（1.4 畝，約 933 平方米）與荷蘭（1.5 畝，約 1000 平方米）相當，但農業生產效率僅為荷蘭的 30%。荷蘭的農業產值佔全國 GDP 的 2%，農村勞動力佔全國人口的 3%，而我國則是以近 40%的人口換取僅佔 GDP 9.2%的農業產值。可見，我國的產業結構和生產效率均有較大的優化和提升空間。

互聯網向第一、第二、第三產業滲透時，和第一產業的結合最為艱難。互聯網領軍企業在通過互聯網技術釋放科技力量、提升農業生產效率方面做了不少嘗試，一些領域的探索已經較為成功。

案例

京東農牧的智能養豬模式

京東農牧的智能養豬模式是一套依託人工智能＋物聯網＋SaaS（軟件即服務）的智能化養殖方案，能夠對生豬養殖進行實時監控和精準飼餵，進而對養殖管理效率進行優化，最終實現從生產到銷售的智能化跟蹤管理。目前項目經過實際測試，可節約人力成本30％以上，每頭豬的養殖成本可節約80元。

（1）養豬行業的現狀和痛點

我國是豬肉的生產和消費大國。近年來隨著國家環保政策的日益緊縮，中小散戶漸漸退出了生豬養殖市場，養殖的規模化程度逐步提高，但制約生豬養殖行業的一些難題仍然亟待突破。

一是飼料成本居高不下，飼料轉化效率偏低。從養殖成本看，飼料成本佔比約為60％，直接決定了養豬企業的贏利空間。以料肉比（飼養的畜禽增重1千克所消耗的飼料量）為例，代表國際平均水平的料肉比約為2.6：1，而我國的平均水平約為2.8：1。

二是人工成本之重難以承受。截至2017年底，美國生

豬養殖平均人工成本約為 1.22 元 / 千克，而我國的平均人工成本約為 3.72 元 / 千克。

三是養殖效率和能力嚴重偏低。以 PSY（Pigs per Sow per Year，母豬年提供斷奶仔豬數）指標為例，目前國內的 PSY 平均水平為 18，國外的 PSY 平均水平為 25 以上，比如丹麥的 PSY 平均水平接近 30，差距十分明顯。

四是育種能力亟待提高。我國祖代種豬絕大部分來源於國外，基本處於「引種→維持→退化→再引種」的不良循環中，不僅繁育體系受制於人，疫病防控能力也頻繁遭遇挑戰，因此改進育種能力也是提高生豬養殖水平的重要一環。

（2）京東農牧智能養豬模式的主要構成

京東農牧的智能養豬模式是一套基於人工智能的「無人」豬場整體解決方案，通過機器視覺、機器聽覺、智能大腦等技術對豬場養豬的所有環節進行監控，利用物聯網對自研設備進行自動控制，結合易於操作的管理信息系統，從而實現智能養豬。以下介紹該模式的幾個系統。

智能監控系統由滑軌車、巡檢機器人、估重機器人、點溫儀、拾音器等設備構成，主要包括豬隻監控系統和環境監控系統。其中，在豬隻監控系統中，滑軌車和巡檢機

器人能夠實時監控欄內的生豬數量、每頭生豬的生長情況、是否發病和其他異常情況等；估重機器人可以對生豬進行實時體重測量和背膘預估；點溫儀能夠實時監控豬體溫度，從而實時監控生豬的健康狀況；拾音器能夠捕捉生豬的叫聲，比如通過生豬的咳嗽聲判斷其是否患病，做出疫情預警。環境監控系統對豬舍的溫度、濕度、風力、光照、二氧化碳、氨氣等方面進行實時監控，採集、分析和對比這些環境因子數據，並通過物聯網系統調度風機、捲簾、水簾等設備進行智能調控，通過智能生產與科學管理的方式來改善生豬的生存環境，最終實現健康養殖的目標。

　　精準飼餵系統主要由自動給料器、豬臉識別軟件、半限位欄、防趴臥設備等組成。其中，自動給料器不僅能夠定時定量地對生豬進行餵料，實現科學飼養，而且能監測和記錄生豬的飼料消耗量，以便管理人員提高飼養效率；豬臉識別軟件能夠有效識別每頭生豬，從而防止其多次吃食帶來飼餵不均的問題；半限位欄能夠根據生豬的生長狀況，實時調節欄位的寬度，進一步準確控制每頭生豬的吃食量；防趴臥設備能夠防止生豬吃食完後不願離開而繼續吃食，保證豬舍中的每頭豬都能定時定量地獲食。

SaaS 系統負責收集生豬養殖環節中的所有數據和信息，包括生豬成長數據、健康數據、豬舍環境數據等。通過對這些數據進行集中的採集、整理和分析，能夠提高生豬養殖的管理效率，實現以數據驅動運營的終極目標，從而提升生豬養殖行業數字化的能力和水平。

（3）京東農牧智能養豬模式的意義和價值

京東農牧的智能養豬模式能夠顯著提升生豬養殖的管理效率，降低養殖成本，對生豬行業的發展具有重要的促進作用。更為重要的是，這種模式的可複製性並不受制於養殖行業的標準化程度和基礎智能設施的發展水平，具有很強的借鑒意義。

智能養豬模式極大地降低了生豬養殖的人工成本和飼料成本。從整體上估算，隨着自動化、智能化程度的提高，智能養豬最終可節省 80％ 的人力成本、30％ 的飼料成本，每頭生豬可節省養殖成本 150～200 元。

智能養豬模式顯著提高了生豬養殖的管理效率和水平。我國生豬養殖的自動化設備水平與國外並無顯著差距，但在管理能力和管理效率方面卻明顯落後。智能養豬模式既能在生豬養殖方面做到定量精準地科學飼養，又能利用智能設備對豬舍環境和生豬生長進行實時監控，實現

了對生豬養殖的動態管理，管理效率的提升效果不言而喻。

　　智能養豬模式明顯提升了生豬的繁育能力。該模式通過對養殖數據的實時監控，能夠在同一批次生豬中識別出哪些生豬的生長狀況和健康條件具有明顯優勢，在此基礎上溯源生豬的「族譜」，從而在下一批生豬育種時進行優化配對。這實際上是基於養殖數據對生豬繁育做了一次優化的排列組合。未來該模式可將 PSY 指標提升到 30 以上。

　　智能養豬模式解決了豬肉的食品安全溯源難題。SaaS 系統的高度信息化，使得追溯每頭生豬的日活動量、採食採水量、飼料品牌、健康狀況等信息成為可能。相關數據全部通過機器視覺錄入，沒有人工干預，極大提高了數據的客觀性、可追溯性和不可篡改性，解決了豬肉的食品安全溯源問題。

尾聲

　　近年來，隨着可持續發展理念在全球的不斷深化，我國使用互聯網科技助力農村經濟增長，幫助農民不斷提升生產生活質量的實踐受到國際社會的熱切關注。全球不發達地區發展中所面臨的困境大同小異，互聯網及相關的數字科技正成為一

種普適的改變措施。越來越多的國際機構到我國來研究互聯網在農村發展方面的應用與創新，希望能夠將我國的經驗傳播到不發達國家，幫助這些國家在基礎設施相對落後的條件下，通過移動互聯網享受到數字經濟紅利。

　　在我國，互聯網助力農村可持續發展的局部示範作用已經顯現，但同時我們也應清醒地認識到，城鄉數字鴻溝、農村信息孤島等現象依然存在，互聯網在助力可持續發展方面的模式尚在探索，用戶習慣、用戶思維、用戶能力方面的培養尚需加強。可持續發展面臨的初級問題是如何在經濟發展方面做出改善；終極問題則是如何在擁抱數字文明的同時，堅守鄉土價值，並在科技的衝擊下，解決二者之間的衝突與糾紛。

第九章

互聯網改變製造

本章導覽

隨着人口紅利的下降，加之全球都在掀起新一輪的生產技術革命，互聯網的主戰場正從消費者市場向產業市場（生產者市場）轉移，特別是最為重要的製造業市場。

面對下一個巨大的藍海市場，互聯網企業、傳統製造企業以及基礎設備提供商利用各自的優勢切入。互聯網企業擅長提供連接、數據處理以及用戶服務；製造業巨頭本身深諳各細分行業的 Know-How（意指技術訣竅）；基礎設備提供商則主要從物聯網等更為底層的技術解決方案切入。

在智能製造發展的大勢之下，傳統企業的數字化轉型已經到了不進則退的關鍵發展期，不同企業的數字化轉型呈現出相似的路徑：流程數字化、數字化連接、智能化改造以及與行業 Know-How 的無感融合。

與消費互聯網的發展相比，互聯網與製造業結合的發展在終端能力、行業差異性、底層平台搭建等方面均呈現出巨大的差異。

引言

　　過去十幾年，我國互聯網產業高速發展，目前整體水平已超越許多發達國家，居於全球領先地位。不過我國互聯網的發展主要側重於消費互聯網，工業互聯網的發展還相對滯後。隨着人口紅利的下降，消費互聯網的發展進入瓶頸期，而發展較為滯後，但市場空間巨大的工業互聯網開始受到各方的青睞。

　　互聯網領軍企業、製造業領軍企業以及基礎設備提供商利用已有優勢切入工業互聯網，互聯網的下一個 10 年，將是深入並改變製造業的 10 年。在這一領域我國企業的基礎相對薄弱，但國內各個領軍企業當下都在踐行着創新與改變。消費互聯網實踐中積累的小步快跑、快速迭代的方法論及互聯網行業唯快不破的行動力，將會助力我國企業在互聯網與工業深度結合的過程中釋放出更多的動能。

　　對於互聯網與工業的融合發展，存在不同的概念，最為常見的是「工業互聯網」和「產業互聯網」（二者均翻譯自 Industry Internet 一詞）。儘管在實踐中二者存在細節差異，但含義大體一致。工業互聯網概念本身偏向於各應用互聯技術（例如物聯網），實現各產業領域的互聯化，但在實踐應用中，

互聯化（側重通信）、數字化（側重信息）、智能化（側重處理）本身密不可分，因此工業互聯網概念並不局限於互聯化。本章側重分析互聯網改變製造這一主題，除了闡述行業整體的趨勢及發展邏輯外，也會在部分小節聚焦於智能製造。

9.1　主戰場正從消費者市場向製造業市場轉移

經濟運行的核心是解決生產者和消費者之間商品和服務的供需匹配問題，供需之間則是從生產者到消費者的複雜鏈條。互聯網作為一種通用技術，其價值核心是服務於生產和消費環節，改善或重構生產和消費各環節以及促進模式創新。直接面向個人消費者、服務於消費市場的互聯網可稱為消費互聯網；直接面向生產組織、服務於生產的互聯網可稱為工業互聯網。

隨着人口紅利的衰減，加之全球都在掀起新一輪的生產技術革命，互聯網的主戰場正從消費者市場向生產者市場轉移，特別是最為重要的製造業市場。

9.1.1　人口紅利正在下降

過去十幾年，我國消費互聯網高速發展，這直觀地體現

在網民規模的快速增長上。特別是 2007 年以後，網民數量快速增長，2007—2010 年，年新增網民數量均在 7000 萬以上，2011 年網民數量的增長開始明顯下滑，但仍然維持在 5000 萬以上。但 2014 年，年新增網民數陡降至 3100 萬，增長速度也較上年近乎腰斬，此後幾年雖然有所恢復，但增長速度持續維持在 5%～8%低位，具體見圖 9-1。

　　從滲透率上看，我國網民數量仍有上升空間，但主要集中在相對年長的群體，以及中小城市、農村地區的民眾，其拓展難度相對較大。

　　其他數據也同樣反映出用戶增長速度趨緩的情況。QuestMobile 的數據顯示，截至 2019 年 3 月，我國移動互聯網月活躍用戶規模已達到 11.38 億，月活躍用戶規模同比增長率已從 2017 年 1 月的 17.2%下降至 2019 年 3 月的 3.9%，見圖 9-2。在用戶規模增長趨緩的同時，用戶的使用時長增長速度也在下降。Quest Mobile 的數據顯示，2019 年 3 月，我國手機網民月均單日使用時長為 349.6 分鐘，較 2018 年同期增加 36.8 分鐘，同比增長 11.8%，但無論是絕對增量還是同比增長率，均較 2018 年同期有所下降。

　　以上數據表明，我國互聯網發展的人口紅利正在下降。

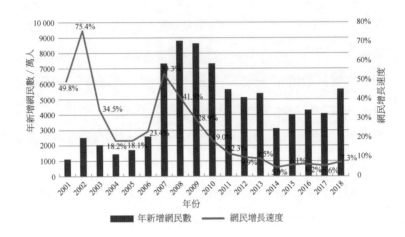

圖 9-1　我國年新增網民數及網民增長速度

（來源：CNNIC）

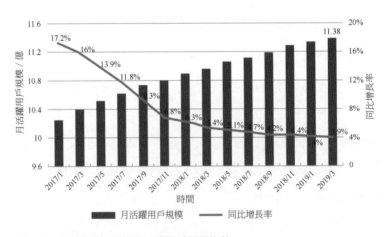

圖 9-2　我國移動互聯網月活躍用戶規模趨勢

（來源：QuestMobile）

9.1.2 工業互聯網發展滯後

在消費互聯網快速發展的同時，我國工業互聯網發展則較為滯後。

如圖 9-3 所示，以工業和信息化部 2017 年發佈的中國 TOP 50 互聯網企業和美國 TOP 50 互聯網企業的對比來看，美國 B 端互聯網企業優勢明顯。中國 TOP 50 互聯網企業中，2C 企業合計 41 個，集中在遊戲、社交資訊、電子商務等領域，2B 企業僅 9 個。[1] 而美國 2B 企業合計 38 個，主要集中在企業服務、雲計算等領域，佔比 76%。

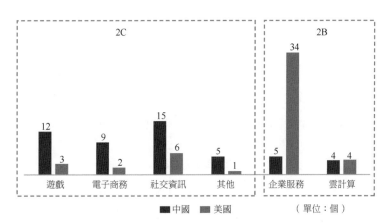

圖 9-3　2017 年中美 TOP 50 互聯網企業行業分佈
（來源：工業和信息化部、彭博、華創證券）

1　2C 即商務模式中對 to Customer（對客戶）的簡稱。2B 即商務模式中對 to Business（對商家）的簡稱。

我國在人口、經濟、發展階段、市場環境等方面的特徵和優勢更有利於消費互聯網的發展。但如前文所述，隨着互聯網發展人口紅利的下降，網民單純規模上的高速增長期已經過去，未來互聯網公司將進入「精耕細作」的階段。互聯網公司之間的競爭也變得越來越激烈，馬太效應 [1] 越來越明顯，絕大部分網民及其使用時長被少數頭部互聯網公司擁有，互聯網獲客的成本不斷增加，不同公司之間用戶的重合度越來越高。QuestMobile 數據顯示，拼多多與手機淘寶重合用戶的規模，由 2018 年 7 月的 10 335 萬上升至 2018 年 12 月的 13 787 萬；趣頭條與今日頭條重合用戶的規模由 2018 年 9 月的 1170 萬，上升至 2018 年 12 月的 1621 萬。

在這種情況下，消費互聯網的成本效益不斷發生變化，工業互聯網有着尚待挖掘的市場潛力，變得越來越具有吸引力，互聯網與製造業的深度融合是其中最具想像空間的領域之一。

9.1.3　互聯網深入製造業成為新藍海

互聯網高速增長的下一個藍海已經開始向服務業和製造業轉移，這一趨勢也為互聯網企業、傳統製造企業以及基礎設

1　馬太效應（Matthew Effect）指強者越強、弱者越弱的現象，該詞廣泛應用於社會心理學、教育、金融以及科學領域。

備提供商帶來了新的發展機遇。

　　這種趨勢的產生有兩方面原因。一方面是隨着經濟、技術的不斷發展，全球開始掀起新一輪生產技術革命，工業互聯網、工業 4.0 等概念不斷出現和發展。另一方面，在消費互聯網的成本效益不斷變化的情況下，互聯網與製造業的融合成為待挖掘的巨大藍海。

　　GE（通用電氣）預計，到 2020 年，工業互聯網市場的全球規模將達到 2250 億美元，其中 1250 億美元來自軟件，1000 億美元來自軟件平台與操作系統，遠高於消費互聯網 900 億美元的市場規模。這意味着工業互聯網的價值很快會超過消費互聯網，為工業企業在效率及創新領域帶來前所未有的發展。

9.2　積極佈局工業互聯網市場

9.2.1　互聯網巨頭 BAT 的佈局

　　2018 年，BAT（指百度、阿里巴巴、騰訊）等互聯網領軍企業先後做了組織架構調整，最大的改變就是分離 C 端用戶和 B 端用戶，分別構建了專門的事業部，如表 9-1 所示。這些公司利用其在消費者市場構建的優勢，開始向產業市場不斷

推進。例如，阿里巴巴和百度主要以雲計算為依託，而騰訊除了雲服務方面的佈局，也開始深耕各個細分行業解決方案，向產業市場推進。

表 9-1　2018 年 BAT 組織架構調整，突出 2B 服務

時間	公司	相關調整內容
2018 年 9 月 30 日	騰訊	新成立雲與智慧產業事業群，整合騰訊雲、互聯網+、智慧零售、教育、醫療和安全等行業解決方案，推動產業的數字化升級
2018 年 11 月 26 日	阿里巴巴	阿里雲事業群升級為阿里雲智能事業群。全新的阿里雲智能事業群將中台的智能化能力（包括機器智能的計算平台、算法能力、數據庫、基礎技術架構平台、調度平台等核心能力）和阿里雲全面結合
2018 年 12 月 18 日	百度	智能雲事業部升級為 ACG（智能雲事業群組），同時承載 AI to B 和雲業務的發展。ACG 將充分利用百度在人工智能、大數據及雲計算方面的技術優勢，聚焦關鍵賽道，為百度打造新的增長引擎

來源：騰訊、阿里巴巴、百度官網。

案例

阿里云：ET 工業大腦深入各個行業

阿里雲的 ET 工業大腦通過 AI 神經元，收集工業製造各個環節中的數據，構建並豐富工業知識圖譜，通過雲端

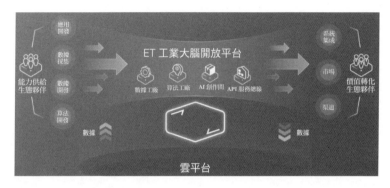

圖 9-4　ET 工業大腦的架構圖
（來源：阿里雲官網）

計算完成流程優化，提升效率。ET 工業大腦支持工業領域 90％以上的設備與協議，在使用現有設備及不改造流程的基礎上，通過傳感器將生產數據實時接入 ET 工業大腦平台，並進行優化。ET 工業大腦已經開放了 3 個行業知識圖譜、19 個業務模型、7 個行業數據模型以及 20 多個行業算法模型，其架構圖見圖 9-4。

　　ET 工業大腦目前已應用在新能源、化工、重工業等不同的製造領域。以天合光能為例，它是全球領先的光伏組件提供商，在生產中遇到了質量提升的瓶頸。電池片生產工序繁多、工藝極其複雜，依靠傳統的分析方式已經很難在品質提升上取得突破性的進展。ET 工業大腦將電池片全

生產流程數據進行匯總，識別影響電池片質量的關鍵工序與核心因素，利用智能算法對核心參數進行優化推薦，並在生產線的對比測試中不斷調優，最終幫助天合光能實現了A品（檢測合格的產品）比例7％的提升，幫助天合光能進一步鞏固了在行業中的領先地位。

案例

騰訊：工業互聯網的數字助手

騰訊首席執行官馬化騰在詮釋工業互聯網時，強調「騰訊並不是要到各行各業的跑道上去賽跑爭冠軍，而是要立足做好『助手』，幫助實體產業在各自的賽道上成長，湧現出更多的世界冠軍」。也就是說，騰訊在工業互聯網的發展過程中，以連接及輔助為自身定位。

騰訊智慧零售戰略合作部副總經理田江雪曾表示，騰訊在做助力者，因此沒有有形的產品，沒有產品路線圖，反而是根據每個行業的不同特性和屬性，來幫助企業制定真正屬於自己的流程、標杆。騰訊在行業解決方案的部分場景或環節中輸出的是技術和數據，比如之前騰訊和京東

啟動的「京騰無界零售解決方案」，就啟用了微信小程序進行智慧連接，從而形成線上線下的融合。騰訊還將用戶畫像、支付接口、營銷推廣、SaaS 系統等環節無感融合，幫助線下企業進行數字化升級。

戰略定位的不同決定了行動方案的不同。騰訊後續推出的工業互聯網計劃，更多強調的是與合作夥伴及創業者共同開發及深耕各個細分領域，包括智慧醫療、智慧零售、智慧出行、智慧教育、智慧城市等。

9.2.2　傳統製造業巨頭的佈局

傳統製造業巨頭在推進工業互聯網發展方面走的是與互聯網公司完全不同的路徑，有的聚焦於智能製造領域，有的則致力於打造工業互聯網平台。例如，富士康是典型的從內發力，以機器人為切入點，用機器人來固化並標準化輸出各行業頂尖從業者的專業技能，全面提升機器人在生產線上的應用；海爾選擇與 GE 和西門子等智能製造引領者同台競技，構建工業互聯網平台；三一重工則依託機械製造及應用的優勢，構建工業智能神經網絡。

案例

富士康以機器人為先鋒，全力推動智能製造

在智能製造方面，富士康是最早付諸實踐的企業之一，其實踐過程如表 9-2 所示。

表 9-2　富士康的智能製造實踐

時間	實踐
2006 年	提出發展機器人的規劃，從麻省理工學院聘請自動化專家
2007 年	專門成立自動化機器人事業處
2008 年	機器人開始投入生產
2009 年	15 款名為 Foxbot 的機器人開發完成，被應用於噴塗、裝配、搬運等工序
2011 年	提出以日產千台的速度製造三十萬台機器人，最終「三年造一百萬台機器人」的計劃
2014 年	提出在 5～10 年內利用機器人生產機器人的計劃
2015 年	提出在未來 3 年內完成 70％的人力由自動化設備、機器人取代的計劃

機器人替代人類從事更多重複、繁重的工作，已經成為大勢。這也在不斷推動我國傳統製造業從勞動密集型向技術密集型轉變。

　　除了推動機器人在製造領域的全面應用之外，富士康也在努力打造工業園區。我國智能製造面臨的普遍問題是，生產線上依舊在工作的老舊設備很難被一次性淘汰，舊設備的智能化升級成為關鍵。富士康與英特爾共同提出聯機解決方案，解決了現有老舊設備智能化的問題。該方案通過傳感器、智能網關來實現園區內所有生產設備的互聯互通，以及各個平台的數據採集，從而實現了從設計到製造的全流程數字化的過程。

　　此外，富士康還致力於將園區的各項技術開放給上下游供應商，使園區成為產業鏈的實驗基地，計劃在 2022 年將深圳龍華園區建設成為「微硅谷」。龍華園區將擁有精密機構件、模具、刀具、光學、物理、軟件、半導體、設計等中心，以及雲端處理、雲計算、霧計算、人臉識別、數據傳送、無人商店等技術和應用，還有諸多新材料，這些都可以向上下游的合作夥伴開放。

案例

海爾 COSMOPlat 將用戶引入工業互聯網平台

COSMOPlat 是海爾推出的、引入用戶全流程參與體驗

的工業互聯網平台。海爾利用 COSMOPlat 將用戶需求和整個智能製造體系連接起來，讓用戶參與到產品設計研發、生產製造、物流配送、迭代升級等環節中，以「用戶驅動」來解決大規模定製化製造的難題。

COSMOPlat 重構了產品設計的流程。在工業互聯網誕生之前，產品流程是從設計到製造再到用戶。而 COSOMOPlat 平台以用戶為起點開始設計流程，形成信息反饋及流通的閉環。設計師將海量用戶細分為社群，通過深度的用戶交互分析，了解用戶痛點，針對用戶痛點來設計產品。未來，每一個小眾的夢想都可以得到成全和實現。

COSMOPlat 平台可以幫助企業不斷提升定製化訂單的比率，降低產品入庫率，從而減少運營資金的周轉天數。這些效果已經在海爾內部的互聯工廠實現。COSMOPlat 平台已複製到建陶、家居、農業、服裝等 12 個行業，並涉足 20 個國家和地區，實現了跨行業、跨領域的擴展與服務。

案例

三一重工：以連接為基礎，構建智能製造的神經網絡

產業鏈中佔據重要地位的核心企業依託自己在行業中

的優勢地位，促成了行業不同主體的連接。例如，三一重工依託機械設備製造領域的龍頭地位，着力打造智能製造神經網絡，構建了以下 4 種能力。

第一種能力：採集、存儲、分析數據

在生產端，三一重工收集智能製造所需要的一系列製造數據，包括機械所需的原材料、生產周期、研發數據等。

在產品端，自 2008 年起，三一重工基於自主研發的控制器和智能器件、專用傳感器等終端，實現了 6143 種狀態信息的低成本實時採集，涉及泵車、挖機、路面機械、港口機械等 132 類工程機械裝備的位置、油溫、油位、壓力、溫度、工作時長等，實現了全球範圍內 212 549 台工程機械的數據接入。至 2016 年 11 月，共積累了 1000 多億條的工程機械工業大數據。

在產業鏈端，通過對設備 360° 全生命周期的管理，為客戶提供基於機器或設備的數據分析、故障預測、產品設計、運營支持及商業模式創新等工業互聯網領域一站式解決方案服務。

第二種能力：將所涉及的人、物、場和流程數字化

三一重工自主開發 ECC（企業控制中心），將 MES（製造執行系統）、ERP（企業資源計劃系統）、PDM（產品數

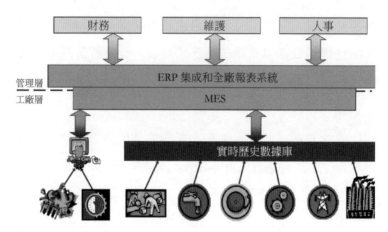

圖 9-5　三一重工的 MES 工作示意圖
（來源：京東數科研究院）

據管理系統）等有機統合，實現了智能生產的數字化、高
效化。數據能力的增強幫助三一重工持續擴大經營範圍，
從機械製造、售後服務到供應鏈金融、保險服務，實現了
主業和輔業的搭配覆蓋。

　　三一重工的 MES 銜接 ERP 以及 PDM，根據現場需
要，整合研發數據以及 ERP 的核心數據。而在現場生產過
程中，再向這些系統反饋生產進展，其流程見圖 9-5。

　　第三種能力：平台化

　　三一重工基於業務流程實現端到端橫向集成，包括對
製造商、供應商、零售商、客戶等整條供應鏈上各方之間

的協同和管理,起到中控和連接的作用。

此外,ECC 能提供遠程診斷、一線服務、二線服務、物流管理、遠程監控、故障解決等功能,把相關的人連起來,形成完整的閉環。目前 ECC 累計接入設備超過 20 萬台,構建了基於大數據的遠程診斷和服務系統。每台設備交付客戶使用後,系統內都會自動產生保養訂單,並自動派單給服務工程師,使客戶逐步擺脫了設備故障只能求助工程師現場服務的傳統模式。

第四種能力:動態優化、自我迭代

隨着數據和模型構建能力的積累,三一重工發佈了工業互聯網平台「根雲」,持續投資超過 10 億元。該平台利用 IaaS、PaaS 層的大數據存儲和運算能力,快速提升機器運行效率,並將物聯網技術與工業生產力相結合,具有廣泛的適用性。藉助該平台,三一重工不僅能高效完成設備分析、預測和運營支持,還實現了從設計、製造到提供租賃和維護服務,再到大數據分析服務等一系列商業模式上的創新。利用雲計算和大數據,「根雲」平台將生產設備和倉儲系統等獨立單元連接起來,遠程管理龐大設備群的運行狀況,不僅實現了故障維修 2 小時內到現場、24 小時內完成,還大大減輕了備件的庫存壓力。

9.2.3　基礎設備提供商發揮重要連接優勢

互聯網企業擅長連接、數據處理以及用戶服務，製造業巨頭本身深諳各細分行業的 Know-How，互聯網與製造業結合的第一步在於物聯網，只有當所有物體都能夠連接的時候，才有可能帶來數據的交換、流程的數字化以及降本增效，因此，提供可互聯的設備的基礎設備提供商也成為這個市場中不可或缺的一員。

案例

華為提供工業互聯網全場景解決方案

華為認為工業互聯網包含數據、模型、服務三大核心要素，以及雲計算、大數據、AI、物聯網四大使能技術。相比其他工業互聯網企業，華為的工業互聯網戰略佈局較為全面，從園區的全面連接到數據處理，以及行業「Know-How+ 數據」的解決方案，華為都有典型應用案例輸出。

華為於 2018 年發佈了 FusionPlant 工業互聯網平台。該平台主要由 4 層構成：邊緣計算、工廠內外網絡、可信 IaaS 層、工業 PaaS 層。這與眾多工業互聯網平台具有顯著的區別。

　　生產流程方面，華為與 SAP 公司共同為比亞迪公司實現系統的全面提升。首先，升級原有系統的供應鏈平台，對原有 ERP 系統進行升級；其次，打通企業內部的各個系統，如在生產線設備和倉庫管理系統之間實現自動化集成。

　　採用華為 SAP HANA 一體機整體解決方案之後，比亞迪的部分重要業務響應時間從以分鐘為單位縮短到以秒為單位。通過對歷史庫存數據和生產數據的分析，減少了人工干預，降低了生產成本，並加快了供應鏈的響應速度，整體實現生產流程優化，以及生產過程的數據透明化。

　　平台能力建設方面，華為幫助廣東鑫航智能科技構建了 IoT 智慧協同平台。廣東鑫航智能科技成立於 2017 年，是一家面向模具產業生態圈、以提供工業互聯網服務為主的專業服務商。為協同及賦能生態合作夥伴，鑫航智能依託華為雲 ROMA 集成平台，藉助平台邊緣計算能力，幫助模具行業龍頭企業 —— 深圳市銀寶山新公司接入生產設備，並提供設備的狀態監控以及耗品管理和維修保養服務。在該平台的幫助下，銀寶山新的機牀設備稼動率提升了 30％，刀具損耗率降低了 15％，生產效率得到了極大提升，生產浪費也顯著降低。

　　智能工廠方面，華為聯合石化盈科為中石化承建智能

工廠試點企業。通過大數據和機器學習算法，採集煉化生產的信息來保障油品質量；優化煉化生產中的化學反應過程，動態調節煉化過程中原油、燃料、催化劑的用量，從而達到產耗最優。

華為 FusionPlant 使能石化盈科 ProMACE 平台，實現勞動生產率提高 10％ 以上，先進控制投用率、生產數據自動化採集率達到 90％，外排污染源自動監控率達到 100％。

9.3　融合發展的趨勢與展望

智能製造是互聯網釋放新動能的下一個藍海。不過互聯網與製造業結合時的發展和消費互聯網的發展有很大的差異。

9.3.1　智能製造：互聯網釋放新動能的下一個藍海

互聯網釋放新動能的下一個藍海在智能製造領域，這已經成為業界的共識。在消費端，與用戶零距離接觸的消費服務市場在七八年間完成了在各個細分行業的躍升變遷，新的服務方式、新的服務場景從根本上改變了行業格局。互聯網在消費者市場爆發的巨大潛能已經開始不斷向製造業市場滲透，從總體市場規模到對實體經濟發展的推動作用，都遠遠大於已經成為紅海的消費者市場。

　　近年來，國家不斷出台法律法規和政策，支持高端裝備製造行業健康、良性發展，如表 9-3 所示。

表 9-3　2011—2019 年我國智能製造行業政策文件匯總一覽

頒佈時間	頒佈單位	文件名稱
2011 年 12 月	國務院	《工業轉型升級規劃（2011—2015 年）》
2012 年 3 月	科技部	《智能製造科技發展「十二五」專項規劃》
2012 年 5 月	工業和信息化部	《高端裝備製造業「十二五」發展規劃》
2012 年 7 月	國務院	《「十二五」國家戰略性新興產業發展規劃》
2016 年 12 月	工業和信息化部、財政部	《智能製造發展規劃（2016—2020 年）》
2016 年 12 月	工業和信息化部、國家發展改革委	《信息產業發展指南》
2017 年 4 月	科技部	《「十三五」先進製造技術領域科技創新專項規劃》
2017 年 11 月	國務院	《關於深化「互聯網＋先進製造業」發展工業互聯網的指導意見》
2018 年 6 月	工業和信息化部	《工業互聯網發展行動計劃（2018—2020 年）》《工業互聯網專項工作組 2018 年工作計劃》

（續上表）

頒佈時間	頒佈單位	文件名稱
2018 年 8 月	工業和信息化部、國家標準化管理委員會	《國家智能製造標準體系建設指南（2018 年版）》
2018 年 11 月	工業和信息化部	《新一代人工智能產業創新重點任務揭榜工作方案》

來源：中商產業研究院。

　　在這樣的大勢之下，傳統企業的數字化轉型已經到了不進則退的關鍵發展期。各個企業依託自身優勢，建立企業生態圈，雖然切入點各有不同，但對比各個領域領軍企業的切入策略，我們可以看到非常相似的路徑。

　　首先是流程數字化，所有人員、設備、場景、流程、管理、品控等關鍵環節都能夠數字化；其次是建立數字化連接，將企業內部運營的各個系統打通，提升實時溝通及響應速度；再次是智能化改造，通過 AI、機器學習等技術，對數據進行分析，優化管理及運營流程，提升效率；最後是與行業 Know-How 無感融合，實現從設計、生產、運營、物流到售後的全流程的無感融合，讓數據和連接真正發揮價值。

9.3.2 工業互聯網與消費互聯網的發展差異

與消費互聯網的發展規律相比，互聯網與製造業結合時的發展規律有很大差異，具體如下。

終端能力不同

消費互聯網的終端連接的是人；而工業互聯網的終端需要由傳感器來讀取各種數據。消費互聯網終端的智能化有着製造業無法比擬的優勢。

在消費互聯網市場，終端連接的人都是相似的。人們可以不斷適應環境，改變使用習慣，有新的應用或者新的操作出現時，人們學習的過程全部是自我完成的，並可以不斷升級，領軍企業只需要花一定的耐心來培育市場。很多時候，爆款的出現、病毒式的傳播都可以在很短的時間內，讓人們適應新的產品、新的玩法以及新的商業模式。

相比之下，工業互聯網首先需要相對低廉的終端傳感器的大規模鋪設及應用。只有終端傳感器分佈足夠廣泛，才有可能實時產生及採集數據。雖然物聯網時代的到來已經是必然的趨勢，但低廉、多樣、可持續的終端的出現及廣泛的鋪設和應用還需蓄勢。

行業的差異化不同

消費互聯網無論在哪個細分行業發展，其服務對象始終是消費者，因此，在服務方式上還是大同小異，無論是 BAT 還是後起之秀，都可以看到以人為本、將用戶需求琢磨到極致的發展路徑。利用產品滿足用戶需求的方式也較為類似，通過手機端點外賣、購物、交友、閱讀，趨同性遠高於差異性；在消費互聯網的線下部分，外賣小哥、電商小哥甚至是專車司機，彼此的工作方式具有極高的相似度。

反觀製造行業，各個行業的製造、面臨的對象、需要的工藝流程、加工的工序都是千差萬別的。以 GE 為例，GE 鋪設終端傳感器時，選擇的目標對象是全球的旋轉設備，因為轉動的機械原理及工作方式相對單一，可以用有限的參數來判斷機械設備的運轉狀態。但如果換作車牀或者銑牀，操作方式較為複雜，就很難建立統一的數據模型來判斷機械設備是否在正常工作。僅僅是機械本身的差異，就足以讓工業巨頭花費數年甚至更久的時間來探索解決方案，可想而知，跨行業、跨產品的統一方案的可行性會是很大的問題。

底層平台的搭建不同

消費互聯網的演化過程中，依託的底層平台非常統一。

從非智能手機到智能手機的轉換，從塞班操作系統到智能手機操作系統（安卓和 iOS）的轉化，在短短幾年時間內就全部完成了。主要原因是，手機製造產業鏈上的主流製造商數量很少，幾大行業巨頭的聯盟就可以勾勒並搭建出新的生態系統。開放的環境讓更多的從業者有了平台和工具，可以利用眾包的力量，在短時間內完成對各個細分領域的突破。

而工業互聯網的底層平台比消費互聯網要複雜得多。機器和機器之間的互聯互通需要有相對統一的標準、網關以及通信協議。即便是最大體量的製造業巨頭，也只能在相關的領域中構建部分平台。此外，工業製造中各種核心數據是製造企業競爭力的保障，平台順暢運作的核心將會是企業和企業之間的數據、上下產業鏈之間聯通的數據，以及需要不同主體之間協作的數據，在保證數據安全的前提下進行協同和溝通。

互聯網扮演的角色不同

消費互聯網中，互聯網企業連接與賦能的屬性非常鮮明。通過連接以及通用工具的建立，各個被觸達的用戶可以自己構建生態體系之內的工具和內容。

對於互聯網與製造業的結合，單從參與方的角度來看，互聯網企業就已經不再獨佔鼇頭。軟件提供商、傳統製造企業、基礎設施提供商都成為重要參與者。

　　此外，越來越多的從業者認識到，工業製造這麼多年構建的行業關鍵知識、技能和對行業的深度理解才是工業互聯網的關鍵。數據和連接下沉為工業互聯網的必要條件。數字世界對製造的復現，再結合大數據、AI 等高新科技，能夠幫助優化生產和管理流程。通過行業 Know-How 來利用數據、利用科技，優化生產和管理結構，才能打造真正的工業互聯網。行業專家如果沒有多年積累的對行業的深刻理解，就不可能提供真正有價值的行業解決方案。因此，工業互聯網領域更多地傾向於讓行業專家去應用互聯網技術，而非讓互聯網專家去理解行業。互聯網在其中更多地扮演的是數字助手的角色。

尾聲

　　通過與消費互聯網的對比，我們可以預測，工業互聯網的發展在各個領域的滲透速度會低於消費互聯網的爆發速度。每個細分領域智能化的速度也會有巨大的差異。在工業互聯網時代，不太會出現像消費互聯網階段幾大巨頭涉獵多個領域，並且能夠在短短幾年之內成為決定性主導者的情況。更有可能的情況是，在每個細分領域，原有的製造業領軍企業在彼此的數字化進程中角逐，發展速度較快的企業能夠儘早推出細

分行業通用的解決方案。此外，在行業中從事專業製造多年的專家將會是人才競爭的重點關注對象，在不久的將來，大數據、雲計算、AI 可能僅作為通用的輔助工具供企業使用。

目前的互聯網企業很可能會出現一兩個巨頭，專門提供 AI 算力的開發。當 AI 和雲被用作公用計算和存儲工具的時候，行業專家就只需了解這些通用工具的使用方法，將更多的精力放在行業解決方案的設計上。每個細分領域內的競爭會相對激烈，而跨領域的通用解決方案相對有限，更多的是出現工具類的插件。

創新沒有止境，消費互聯網的發展也未走到終點，但互聯網主戰場正向更加複雜縱深的產業市場轉移。對於我們來說，這種趨勢顯得尤其重要，一方面是因為我國消費互聯網發展的紅利空間正在減小，成本效益的變化正推動各個參與方進入發展相對滯後的生產性服務領域；另一方面，我國製造業規模於 2010 年開始便已超過美國，並持續位居全球第一，但在技術、效率、質量等方面與發達國家仍有一定差距，積極抓住、追趕甚至引領下一輪互聯網帶來的技術革新，對於推動製造業的轉型升級乃至我國整體經濟的轉型升級都意義非凡。

面對未來，從宏觀層面到微觀層面，互聯網企業和製造業企業都應銳意進取。

附錄

專家觀點

安不忘危，行穩致遠

（網絡空間安全戰略預警與決策支撐
工業和信息化部重點實驗室副主任　張傳新）

　　科技改變中國，互聯網改變世界。作為 20 世紀最偉大的發明之一，互聯網深刻地改變了人類的生產和生活、學習和工作。自 1994 年全功能接入國際互聯網以來，憑藉着巨大的人口紅利、龐大的市場規模、卓有成效的行業監管和偉大的創新精神，中國實現了跨越發展，後來居上，成了名副其實的互聯網大國，為世界互聯網的發展貢獻了中國力量、提供了中國經驗。

　　互聯網在誕生之初，選擇了開放和去中心化的技術架構，這就決定了互聯網的發展具有一定的無序性和野蠻生長的天然特點。我們在接受互聯網開放性和去中心化激發的創新和創造活力，樂見互聯網惠及民生、推動經濟社會進步的同時，也需要時刻提防互聯網潛藏的風險隱患。作為一項技術發明，互聯網是堆滿寶藏的阿里巴巴寶庫；然而，如果運用不當、管理缺失，它同樣可能是裝滿邪惡的潘多拉魔盒。

　　對於經濟社會而言，隨着我國「互聯網＋」行動計劃的

深入推進，互聯網將與傳統產業進行深度融合。互聯網在為傳統產業賦能的同時，也伴隨着風險的加劇。這些風險，一方面來自互聯網自身存在的安全漏洞和危機。網絡的開放性，意味着它具有脆弱性和易受攻擊性。比如，金融、能源、通信、交通等領域的關鍵信息基礎設施是經濟社會運行的神經中樞，這些設施一旦遭遇破壞或襲擊，將影響一個行業的正常運轉，進而危及社會秩序、國家安全。近年來國外發生的多起關鍵信息基礎設施遭遇安全攻擊的事件，已經為我們敲響了警鐘、拉響了警報。另一方面，「互聯網＋」不斷拓展深入，也催生出新的安全風險，並且是「風險＋」，尤以互聯網金融行業為典型代表。2018 年出現的 P2P 借貸平台大面積違約、倒閉甚至跑路，是這一行業的風險大規模集中爆發的體現，牽涉面之廣，涉及資金量之大，令人咋舌。P2P 借貸平台的無序生長嚴重擾亂了正常的金融秩序，極大危害了民眾的切身利益。再如近年來興起的所謂「校園貸」「套路貸」，以「低利息」「免抵押」「超便捷」「低風險」為幌子，誘使不少償還能力低、涉世未深的學生深陷各種騙局之中。不良網絡借貸給受害者造成了嚴重的經濟負擔，帶來了巨大的身心傷害，甚至引發了暴力逼債、自殘自殺等觸目驚心的惡性事件。

　　對普通網民來講，個人信息泄露成為遭到民眾詬病的互

聯網行業野蠻生長的頑疾之一。個人信息泄露已成為一種全球性的公共災難，其背後有深刻的「互聯網邏輯」。互聯網公司掌握着大量的用戶數據，當用戶享受着更精確的推薦、更便捷的服務時，也將面臨更多未知的風險。根據媒體報道，多地反詐騙中心數據顯示，目前電信網絡詐騙案件 90％以上是違法分子靠掌握公民詳細信息進行的精準詐騙。2016 年發生的「徐玉玉被電信詐騙案」，就是一起犯罪分子利用非法獲取的個人信息實施詐騙的典型案件，案件促成相關部門對電信網絡違法犯罪的聯手重拳打擊。此外，網絡水軍、網絡數據操縱等灰色地帶蘊含着巨大的商業利益，由此形成了龐大的灰色產業鏈。以網絡數據操縱為例，網絡數據不僅滿足並製造了大量需求，還直接影響了民眾的行為模式和選擇方式。購買商品看電商平台的評價，瀏覽新聞看熱度排行和網民評論，這些都體現了網絡數據的影響力。一旦這些網絡數據受到平台或資本的操縱，那便意味着民眾的選擇也被操縱，而選擇者卻不自知，這就是一個巨大的風險。暗網更是一個黑色地帶。暗網創造了一個試圖脫離監管、複雜隱蔽的「暗黑系淘寶」，成為助長網絡犯罪的重要工具。應對暗網及其衍生的風險是監管層需要面對的嚴峻挑戰。

　　互聯網企業作為互聯網行業發展的受益者，也理應成為

互聯網風險治理的責任者。2016 年 4 月 19 日，習近平總書記在網絡安全和信息化工作座談會上對此有過精闢論述和明確要求，「一個企業既有經濟責任、法律責任，也有社會責任、道德責任。企業做得越大，社會責任、道德責任就越大，公眾對企業這方面的要求也就越高」，「希望廣大互聯網企業堅持經濟效益和社會效益統一，在自身發展的同時，飲水思源，回報社會，造福人民」。當前，互聯網已經成為社會的基礎設施，互聯網企業（特別是部分巨頭企業）獲得了巨大的社會影響和治理權力，成為規則的制定者和執行者，自然應當承擔更大的社會責任，履行更多的社會義務。

面對互聯網帶來的機遇和挑戰，十八大以來，以習近平同志為核心的黨中央重視互聯網、發展互聯網、治理互聯網，走出了一條中國特色治網之道，形成了習近平總書記關於網絡強國的重要思想。在發展方面，堅持以人民為中心的發展思想，大力加強網絡基礎設施建設，強化信息資源共享，加大信息扶貧力度，讓億萬人民在共享互聯網成果上有了更多的獲得感。以創新、協調、綠色、開放、共享的新發展理念為指引，大力推動數字經濟發展，做到以發展促安全。在網絡治理方面，持續提高網絡綜合治理能力，形成黨委領導、政府管理、企業履責、社會監督、網民自律等多主體參與，經濟、法

律、技術等多種手段相結合的綜合治網格局，網絡空間日益清朗。特別是 2017 年 6 月 1 日起正式實施的《中華人民共和國網絡安全法》，作為我國網絡安全領域的基礎性法律，提出了網絡空間主權等一系列重大原則，在國家安全審查、關鍵信息基礎設施保護、網絡運營者義務、個人信息保護等方面進行了一系列重大制度創新，對於維護我國網絡空間安全、維護廣大人民群眾切身利益具有深遠意義。在國際合作方面，以習近平總書記提出的網絡空間命運共同體為指引，積極倡導全球互聯網治理體系變革「四項原則」和構建網絡空間命運共同體「五點主張」，廣泛參與網絡空間國際合作，為全球網絡空間的安全穩定與繁榮發展貢獻中國智慧。

面對互聯網，人類的未知遠遠大於已知。我們需要保持敬畏之心，理性地對待互聯網發展過程中的無序性和野蠻生長，依靠更高質量的發展、更先進的技術、更合理的監管，推動互聯網走向有序和健康，建設網絡良好生態，積極推進網絡強國的建設。

未來互聯網是什麼模樣，我想即使最偉大的預言家也無法充分預測。既然如此，那就讓我們積極應對，主動作為，以實際行動迎接和創造更加美好、更為文明的互聯網時代！

互聯網時代下的新挑戰與新應對

（中國電子信息產業發展研究院電子信息產業
研究所副所長 陸峰）

　　互聯網進入中國 20 多年來，在我國大地上的生動實踐開展得如火如荼，對金融、製造、公共服務等各行各業都產生了積極影響，對人民群眾的生產生活方式走向多元化也起到了關鍵的助推作用。

　　然而熱潮之下，我們需要冷靜反思。在從互聯網大國向互聯網強國邁進的過程中，我們面臨着數據治理和網絡安全兩大挑戰，積極應對、搶先部署，才能實現讓互聯網更好地造福人民，提升國力。

挑戰一：數據治理

　　數據是基礎性、戰略性資源，是發展數字經濟、構建智慧社會、建設數字中國的關鍵和核心支撐。隨着互聯網、大數據、雲計算、人工智能和實體經濟的深度融合，數據作為一種潛在的資產，已經成為各方爭奪的焦點和重點。大規模個人數據非法交易、個人數據濫採濫用、企業數據利用糾紛等問題頻

發，對保障企業和個人信息安全、維護市場秩序、保障國家信息都構成了嚴重威脅。加強數據治理，刻不容緩。

具體來說，目前我國在數據治理方面主要面臨以下問題和挑戰。

缺乏正常的數據交易渠道。目前，各政務部門和金融、物流、鐵路等重點行業的數據資源都封閉在系統、部門和單位內部，形成了「雞犬之聲相聞而老死不相往來」的信息孤島，社會、企業、個人都缺乏正常獲取信息的渠道。同時，電子商務、網絡社交、搜索引擎等領域的互聯網企業，大都是通過建設數據開放平台，以收費信息服務等模式推進部分數據的開放，開發利用深度非常有限，而且門檻極高。

數據資源缺乏全生命周期管理。信息系統建設和日常運維以及大數據挖掘過程中，缺乏對數據的全生命周期管理，管理不周、內部竊取成為數據源泄露的重要原因。

重要漏洞未能及時發現和修補。網絡防禦、數據溯源等相關技術存在短板，重要信息系統和網絡平台漏洞未能及時發現和得到修補。

個人信息安全防護措施薄弱。個人信息保護技術攻關研究和推廣應用步伐滯後，技術支撐能力不足，存在不成熟、未體系化、缺乏普適效用等一系列問題。

個人信息開發利用標準規範缺失。個人信息範圍、權屬和使用權限等標準缺失，法律法規跟不上，尤其是缺乏針對網絡平台和大數據挖掘情況的個人信息界定和使用的規範，致使很多個人信息開發利用處在灰色地段。

非法交易傳播渠道未能及時切斷。非法數據交易信息的互聯網傳播渠道尚未被及時、有效切斷，多部門協同打擊的常態化機制尚未建立。

網絡化監管治理模式尚未建立。目前大部分非法數據交易都是基於互聯網展開，具有高技術、跨時空、數量大等特性，對監管部門網絡化、平台化和在線化監管手段提出了更高要求。

行業自律尚未發揮作用。缺乏信息保護行業自律公約，重點企業和重點行業在各類信息保護方面的引導和示範作用尚未發揮。

針對以上問題，建議採取以下措施。

樹立正確的大數據發展觀。堅持發展和安全雙輪驅動原則，既要鼓勵和支持大數據應用，又要同步做好安全風險的防範，積極穩妥推進大數據應用。

鼓勵發展大數據交易服務。推進大數據交易平台建設，支持各地大數據交易所和交易中心建設，提供深度數據挖掘

服務。

加快數據流通交易規則制定。加快制定大數據發展法律法規，明確數據所有者權益，規範數據控制者和處理者的權責以及相應法律責任。

強化數據全鏈條安全管理。加強對信息系統和網絡平台開發、建設、運維過程中的數據安全全鏈條管理，確保數據安全保障不出現環節短板。

加快大數據算法深度治理。建立大數據算法公開制度，從社會倫理、法律法規、商業合規、技術安全等角度廣泛接受社會監督，確保算法合情合法合規。

構建新型數據綜合治理機制。加快形成政府監管、企業履責、社會監督、網民投訴等多主體參與，經濟、法律、技術等多種手段相結合的數據綜合治理格局。

提高監管執法在線化水平。建設國家級數據安全保護執法監管平台，提高執法監管網絡化、平台化、在線化水平，建立常態化、普遍化、在線化的數據安全保護執法機制。

提高數據治理技術支撐能力。加快構建政府數據治理網絡大平台，強化大數據和人工智能技術深度應用，推進數據治理的數字化、網絡化和智能化，提升實時應急響應和協同聯動能力。

強化行業自律制度建設。加快制定數據採集、流通、開發和利用的行業規範和標準，加快形成數據治理方面的行業共識，提高行業自律能力。

增強法律法規的可操作性。出台《中華人民共和國網絡安全法》相關條款的司法解釋、實施細則、操作指南和技術標準，提高法律引導性和可操作性。加強法律法規宣傳，提高用戶保護個人數據安全意識，確保用戶數據不被非法途徑採集和竊取。

挑戰二：網絡安全

2018 年 4 月，習近平總書記在全國網絡安全和信息化工作會議上的講話中提到，沒有網絡安全就沒有國家安全。

網絡空間是人類技術進步和應用普及拓展的發展新空間，已經成為世界各國培育經濟發展新動能、塑造國家競爭新優勢、推進可持續發展的重要抓手。世界主要大國圍繞網絡空間展開了激烈爭奪和對抗，對國際競爭、經濟全球化、世界政治經濟格局調整都產生了重大和深遠的影響。

具體來說，目前我國在網絡安全方面主要面臨以下問題和挑戰。

網絡空間關鍵基礎設施和關鍵基礎資源受制於人。由於

國際互聯網發源於美國，美國利用先發優勢掌控了國際互聯網的關鍵基礎設施和關鍵基礎資源，形成了對全球各國互聯網發展的把控和威懾，佔據了大量優質地址資源，造成了全球網絡地址資源分配嚴重不均，對包括我國在內的互聯網業務快速崛起的國家形成了資源遏制。

互聯網關鍵核心技術和核心應用自主可控水平低。路由器、服務器、操作系統、數據庫和應用程序等軟硬件是互聯網運行和應用的要素，關係着互聯網運行安全和價值發揮。美國在全球網絡信息產業發展領域形成了無可比擬的優勢。我國等其他國家的網絡信息產業都是建立在美國的網絡信息產業基礎之上，猶如玻璃瓶一樣透明，無遮無攔，又如摩天大廈缺少根基一樣不牢固。

網絡空間戰略防禦和有效威懾能力薄弱。網絡空間已經成為繼陸、海、空、天之後的第五戰略要地，是各國主權不可分割的一部分。圍繞網絡主權，國家之間的爭奪和競爭越來越激烈。與發達國家相比，我國的網絡空間戰略防禦和有效威懾能力比較薄弱。

針對以上問題，建議採取以下措施。

加快構建新一代網絡基礎設施體系。加快網絡基礎設施建設和網絡空間應用基礎設施建設，構建一體化的國家大數據

中心，完善統一的綠色安全數據中心標準體系、互聯互通的分佈式網絡存儲支撐體系、資源共享的災備應急響應體系。

推進網絡信息產業全鏈條自主創新。充分利用大國大市場和體制機制等優勢，加快構建核心電子元器件、高端芯片、基礎軟件等網絡信息產業關鍵技術、核心技術自主創新機制，統籌資金、人才、需求、政策等多方面資源，集中力量實施重點突破工程。

建立安全可靠的網絡安全保障體系。完善國家網絡安全管理制度，健全網絡安全態勢感知、安全事件預警預防及應急處置機制，建立統一高效的網絡安全風險報告、情報共享和研判處置機制，進一步提升對網絡安全事件的應急處置能力。

隨着互聯網、大數據、雲計算、人工智能和實體經濟的深度融合，我國需要加快建立正常數據共享交換、流通交易渠道，完善和細化相關法律法規，增強執法操作性，以減少各類信息系統數據被竊取和泄露的事件的發生。

隨着經濟社會活動向網絡空間的拓展，我們必須深刻認識網絡空間面臨的風險和挑戰，加快構建新一代網絡基礎設施，推進網絡信息產業全鏈條自主創新，建立安全可靠的網絡安全保障體系，加快構建網絡空間戰略防禦體系，提升網絡安全，為維護國家安全保駕護航。

結 語

　　人類發展的歷史上，基礎的技術革命推動着社會融合，
讓文明在一段時間內積聚、成長、躍升。例如，大航海時代
帶來物種大交換，解決了人們最基本的食物供給不足問題，
同時也帶來歐洲資本主義的興起；電的發明讓機器開始廣泛
應用於各個領域，催化工業革命進程，帶來工業文明突飛猛
進的發展……

　　我們這一代人很榮幸能夠親歷計算機帶來的信息技術革
命。互聯網在短短 20 多年的爆發式發展中，其展現的力量
已經足以讓我們意識到，我們經歷的時代變革將會超越大航
海時代以及前幾次工業革命帶來的變革。

　　我國互聯網在萌芽到爆發的這 20 多年間，從追隨到引
領，也經歷了跨越式成長。第一批互聯網公司，如搜狐、百
度、人人網等，都是創業者看到美國特定的商業模式以後，
將其引入中國的。而隨着各個細分領域的不斷創新，互聯網
在社交、金融、生活等領域的應用不斷迭代，我國轉而成為
全球數字經濟發展的取經之地。

　　由基本物質資源的爭奪引發的競爭乃至戰爭在人類歷史

中很常見。糖和茶的生產、棉花的生產、橡膠的生產、石油資源的開發等，都在直接或者間接地改變人類命運。而信息時代，互聯網帶來的最大的改變是由信息替代原子，信息可以近乎零成本地複製並傳播，在實體物質資源投入有限的情況下，通過信息的交換帶來成本的降低或是效率的提升，從而擺脫了資源的局限。可以說，互聯網帶來的數字經濟發展突破了傳統經濟增長的上限。當可持續發展成為世界主旋律時，發展實體資源消耗甚少的數字經濟也被納入各國的發展戰略之中。

　　數字經濟在促進經濟增長的同時，也大大提升了人們生活的幸福感和獲得感，更好地滿足了人們對高效、便捷、平價的生活質量的需求。從某種意義上講，互聯網覆蓋了最廣大的受眾，讓每個接入互聯網的人都享受到了數字紅利。

　　互聯網給各個行業帶來的是變革性的創新改變，很多領域都是實踐先行，監管防守，這大大提高了監管的難度。我國政府在互聯網行業高速成長的過程中，展現了高超的監管智慧。在鼓勵創新的同時，政府密切跟進行業前瞻動態，探索出了包容性監管的路徑。各地政府在「互聯網+」行動計劃落地方面給予了極大的政策鼓勵和發展空間，甚至在金融科技這樣關乎整體金融系統穩定的領域，政府

都給出足夠的包容態度。我國在探索中前行的互聯網企業將成為全球的典範。

同時，我們也要認識到我國互聯網發展的不足，從而發揮長處，突破短板，砥礪前行，保持下一個階段的高速增長。

第一，我國互聯網的創新長於應用創新，在技術創新方面，我們還是跟隨者。我們缺少像喬布斯、馬斯克這樣能夠從 0 到 1 構建出一個巨大商業空間，並且徹底改變人們生活方式的創意引領者。如果把全球互聯網發展比作一個公司，我國的角色更像是 CTO（首席技術官），通過技術來實施和執行已有的創意。雖然在技術精進的道路上，我國以穩健的速度在不斷前行，但仍缺乏突破性的創意。

有一個可能的原因是，美國持續創業成功的企業家，在創意引領方面更加自由。他們在第一次創業中積攢了成功和失敗的經驗，同時積累了足夠的財富，因而能夠在下一次創業中專注於突破性創新，並有足夠的經濟保障，能夠在「創一代」（創業大軍中的成功者）不願冒進的領域開創出新的道路。而我國第一批創業者才剛剛成功，值得期待的是，我國「創一代」的年齡越來越小，未來大有可期。

第二，互聯網的規模效應帶來的紅利在接下來的 10 年

將越來越弱化，基礎產業的佈局和發展成為根本，夯實實體產業的基礎性建設，才能在接下來的 10 年有穩健的進步。數字經濟發展的基本規律是，趨近於零的邊際成本讓規模經濟成為主導。在數字經濟的世界中，通常是強者越強，贏家通吃。在細分領域中，領軍的前三名企業通常會佔據 50％以上的整體市場份額。頭部企業的併購和整合也成為常態。

接下來的 10 年，互聯網將開始脫虛向實，更深入地融入生產與製造的每一個環節中。我國實體產業在改革開放之後有了質的飛躍，但和西方發達國家相比，還有不小的差距。我們在製造業中以代工起家，在引進技術的同時，不斷學習，努力超越。我們要找到數字世界和原子世界結合的優勢互補之路，才能保證在未來成為持續的贏家。

沒有事情是完美的，但瑕不掩瑜，意識到可能的局限能幫助我們更全面地認識並剖析問題。同時，我們也要有足夠的安全與風險防範意識。隨着人工智能和大數據的廣泛應用，我們的世界將變得越來越智能，也越來越依賴數據、算法與數字世界的規則。人工智能應用的先驅領域 —— 自動駕駛，最先面對的不是技術的爭議，而是有關人工智能倫理的大討論。人工智能賴以發展與前行的數據資源被認為是新的

生產要素。但如何保障數據安全？如何保護數據隱私？人工智能將會帶來的新一輪社會發展效率與公平的平衡問題如何解決？諸如此類問題都已經超越技術本身，成為人類社會發展最根本的關乎規則的討論。

　　技術始終只是手段與工具，互聯網帶來的數字經濟是當前人類社會發展最為普惠、最有力量的工具。用好互聯網技術，造福於人類命運共同體，需要我國與世界的共同努力，需要身在其中的每一個人攜手同行。

絢麗變革：互聯網改變中國

孟昭莉　韓元佳　楊才勇　許　晨　著

責任編輯　周文博
裝幀設計　譚一清
排　　版　賴艷萍
印　　務　劉漢舉

出版　　　開明書店
　　　　　香港北角英皇道 499 號北角工業大廈一樓 B
　　　　　電話：（852）2137 2338　　傳真：（852）2713 8202
　　　　　電子郵件：info@chunghwabook.com.hk
　　　　　網址：http://www.chunghwabook.com.hk

發行　　　香港聯合書刊物流有限公司
　　　　　香港新界荃灣德士古道 220-248 號
　　　　　荃灣工業中心 16 樓
　　　　　電話：（852）2150 2100　　傳真：（852）2407 3062
　　　　　電子郵件：info@suplogistics.com.hk

印刷　　　美雅印刷製本有限公司
　　　　　香港觀塘榮業街 6 號 海濱工業大廈 4 樓 A 室

版次　　　2022 年 2 月初版
　　　　　© 2022 開明書店

規格　　　32 開（210mm×153mm）

ISBN　　　978-962-459-248-1